마음을 위한 하나님의 전투 계획

마음을 위한 하나님의 전투 계획

지은이 데이비드 색스톤
옮긴이 조계광
펴낸이 김종진
초판 발행 2019. 7. 18.
등록번호 제2018-000357호
등록된 곳 서울특별시 강남구 선릉로107길 15, 202호
발행처 개혁된실천사
전화번호 02)6052-9696
이메일 mail@dailylearning.co.kr
웹사이트 www.dailylearning.co.kr

책값은 뒤표지에 있습니다.
ISBN 979-11-966781-7-3 03230

개혁된
실천
시리즈

청교도가 실천한 성경적 묵상

마음을 위한 하나님의 전투 계획

GOD'S BATTLE PLAN FOR THE MIND

데이비드 색스톤 지음

조계광 옮김

개혁된실천사

목차

추천의 글

———

오성급 레스토랑에서 주방장으로 일하는 친구가 준비하는 저녁 식사에 초대받았다고 가정해 보자. 친구는 건강하고, 맛깔스럽고, 만족스럽고, 영양가 높은 음식을 만드는 것으로 유명하다. 그날이 오기를 손꼽아 기다리다가 마침내 약속 날짜가 되어 친구 집 현관문에 들어서는데 식욕을 돋우는 음식 냄새가 진동한다. 친구의 안내를 받아 자리에 앉고 나니 각양각색의 그릇에 가지런히 담긴 형형색색의 음식이 눈앞에 펼쳐져 있다. 사려 깊게도 친구는 내가 좋아하는 음식만을 골라 차려 놓았다.

그런데 막 젓가락으로 음식을 집어 입으로 가져가는 순간, 휴대전화가 뻐꾸기 자명종처럼 미친 듯이 울려대기 시작한다. 휴대전화에서는 귀에 거슬리는 사장의 목소리가 들려왔다. 그의 첫 말이 미처 끝나기도 전에 눈앞의 진수성찬을 맛보기가 어렵게 되었다는 느낌이 든다. 배에서는 꼬르륵 소리가 나지만 할 수 없이 어색한 웃음을 지어 보이며 친구의 양해를 구하고 서둘러 문밖으로 발길을 옮긴다. 음식을 보고, 냄새까지 맡았지만 그것을 씹거나 소화해 유익을 얻는 기회를 누리지 못했다. 묵상 없는 신앙생활이 영락없이 그와 같다.

세계 곳곳에서 사람들은 주일이 되면 교회에 나가 설교를 듣는다. 영적 성장에 관심이 깊은 사람들은 시간을 할애해 성경을 규칙적으로 읽는다. 그러나 말씀을 듣고, 읽기만 할 뿐, 그것을 씹어 소화하지 못할 때가 너무나도 많다. 말씀을 깊이 되새기는 시간을 갖기도 전에 세상이 부르는 소리에 이끌려 현세의 염려와 부와 즐거움을 좇아 황급히 달려간다. 결국, 말씀이 가르치는 것은 어느 정도 알고 있을지 몰라도 성령의 능력 안에서 말씀을 즐거워하거나 그것을 삶에 깊이 적용하지는 못하게 된다. 한 마디로 말씀에 대한 묵상이 이루어지지 않는다.

그와는 달리 자신이 심긴 곳에서 싹을 틔워 꽃을 피우는 그리스도인들이 있다. 그들은 인생의 시련을 겪더라도 낙관적이고, 긍정적인 태도를 잃지 않는다. 물론 그 이유는 그들이 소위 긍정적인 사고의 힘을 믿어서가 아니다. 그들은 동정심과 인정이 많지만 의지 또한 강철같이 굳세고, 믿음을 위해 나서야 할 때는 놀라운 용기를 발휘하기까지 한다. 그 비결이 무엇일까? 간단히 말해 그들은 구원의 우물에서 기쁨으로 물을 긷는 법을 깨우쳤다. 그들은 생명의 시냇가에 살면서 하나님의 율법을 즐거워하며, 주야로 그것을 묵상한다.

묵상이란 무엇인가? 왜 묵상이 영적 성장에 그토록 중요할까? 묵상은 어떻게 하는 것인가? 전에 묵상을 해본 적이 없거나 그만둔 지 오래되었다면 어디에서부터 시작하는 것이 좋을까? 이런 질문들에 대한 대답을 알고 싶으면 이 책을 읽어야 한다.

데이비드 색스톤은 〈퓨리탄개혁신학교〉에서 나의 권유로 그동안 소홀히 취급되어 온 이 주제를 연구 과제로 삼아 열심히 탐구했다. 그의 연구를 지도하는 일은 매우 즐거웠다. 나는 2002년에 〈그린빌 장로교신학교〉에서 열린 집회에서의 강연을 위해 이 주제를 살펴보았는데, 놀랍게도 내가 "청교도 묵상법"으로 일컬은 것을 다룬 책이나 글이 거의 전무하다시피 했다. 내가 나의 연구를 끝마칠 무렵, 나의 책상에는 묵상을 다룬 청교도 책이 마흔한 권이나 쌓여 있었다. 나는 나중에 누군가가 나의 연구를 이어받아 좀 더 완전한 내용을 갖춘 원고를 완성해 주기를 바라는 마음으로 그 책들을 참고문헌으로 각주에 실어 놓았다. 고맙게도 데이비드가 그 일을 해주었다. 그는 이 오래된 청교도 책들을 읽고 거기에서 배운 원리들을 오늘날의 독자들에게 소개했다. 그러나 그는 학자가 아닌 목회자로서 이 책을 저술했다. 그는 단지 묵상에 관한 청교도의 가르침을 논의하는 데 그치지 않는다. 그는 사람들이 하나님의 영광을 위해 그분의 영광을 묵상하기를 바란다. 그는 묵상이 모든 그리스도인이 싸워야 하는 영적 싸움에 꼭 필요하다고 확신한다.

따라서 당신은 이 책을 읽어야 한다. 그러나 단순히 그 내용을 논하거나 지식을 늘리려는 목적으로 읽어서는 안 된다. 이 책을 읽어야 할 이유는 하나님을 사모하기 위해서다. 기도하면서 읽고, 실천에 옮겨야 한다.

_조엘 비키

1장
성경적인 묵상의 즐거운 습관을
회복하는 것이 중요한 이유

———

"현대 기독교의 문제가 무엇인가?"라는 질문에 대한 나의 대답은 "경솔하고, 피상적이고, 자아도취적으로 변질되었다."는 것이었다. 현대 기독교가 피상적인 종교로 변질되었다는 나의 비판에 이의를 제기한 사람은 아무도 없었다. 신자들이 이 얄팍한 영성을 극복할 대책을 논할 때면 보통 제각각 의견이 엇갈린다. 사실 무의미하고, 무기력한 종교의 기본 문제를 해결하는 방법은 단 두 가지뿐이다. 첫 번째 방법은 그런 기독교의 현실을 용인하고, 거기에 순응하는 것이다. 이 방법을 따르는 그리스도인들이 많다. 그들은 교회의 예배를 사람들의 취향에 맞추고, 깊이 없는 설교를 늘어놓으며, 기독교적 헌신의 형식만을 갖추는 것으로 만족한다. 그들은 기독교의 문제가 "편안한" 분위기를 조성하지 않고, 신앙의 의무만을 지나치게 강조하는 데 있다고 생각한다. 그와는 달리 피상적인 기독교를 다

루는 두 번째 방법은 예레미야서 6장 16절("여호와께서 이와 같이 말씀하시
되 너희는 길에 서서 보며 옛적 길 곧 선한 길이 어디인지 알아보고 그리로 가라 너희 심령
이 평강을 얻으리라 하나 그들의 대답이 우리는 그리로 가지 않겠노라 하였으며")에 요
약되어 있다.

이 두 번째 방법은 교회가 개인의 경험 안에서 하나님의 말씀을
직접 실천하는 데 진지하게 초점을 맞추는 참된 성경적 영성을 회
복해야 한다고 주장한다. 우리는 진심을 기울여 교리와 삶을 일치
시켜야 한다. 교리와 실천을 하나로 통합하면 피상적인 기독교를
극복할 수 있다. 그러나 그러려면 반드시 하나님의 말씀을 신중하
고, 진지하게 생각해야 한다. 이것이 이 책의 탐구 주제인 "성경적
묵상의 실천" 내지 "기독교적 사고의 원리"를 살펴봐야 하는 이유
다. 묵상의 실천은 신자의 마음을 지키기 위한 하나님의 전투 계획
에 해당한다.

큰 감동을 준 첫 번째 설교를 기억하는가? 나는 그런 기쁨을 열
여섯 나이의 새 신자였을 때 처음 맛보았다. 한 나이든 설교자가 우
리 교회에 강사로 초청되어 왔다. 그의 설교 본문은 복되고, 경건한
사람의 특징을 다룬 시편 1편이었다. 주님은 그 설교를 통해 하나님
의 말씀을 늘 가까이함으로써 영적으로 건강하게 성장해 나가야만
복 있는 사람이 될 수 있다는 중요한 교훈을 나의 마음속에 깊이 새
겨주셨다. 경건한 사람은 간식을 먹듯 이따금 한 번씩 하나님의 진
리에 관심을 기울이지 않고, 매 순간 말씀을 마음의 즐거움으로 삼
아 되새긴다. 시편 1편은 성경적 묵상의 실천을 아름답게 묘사한다.

묵상한다는 것은 무슨 의미인가? 그것은 개인의 차원에서 실천적인 의도를 가지고, 삶 속에서 말씀의 진리를 어떻게 나타내야 할 것인지를 진지하게 생각하는 것을 의미한다. 에드먼드 캘러미는 묵상을 "우리가 받은 은혜를 곰곰이 생각하고, 약속들을 되새기는 것"으로 묘사했다.[1] 참 신자는 묵상을 통해 마음에 진리를 가득 채움으로써 구원자이신 주님의 뜻에 따라 살려고 노력한다.

불행히도 지난 한 세기 동안 신자들은 묵상을 소홀하게 취급해 왔다. 종교 개혁자들과 청교도들은 많은 글과 가르침을 통해 하나님의 백성에게 묵상을 권고했지만 지금은 그런 경향이 크게 약화된 상태다. 현대의 그리스도인들 가운데 이 주제를 본격적으로 다룬 책을 저술한 사람은 거의 없다. 안타깝게도 최근에는 묵상을 극동 지역의 거짓 종교들과 연관시키는 사람들이 많다. 성경은 계시된 하나님의 진리로 마음을 채우라고 명령하지만 그들은 묵상을 마음을 비우는 과정으로 이해한다. 현세대의 마음과 생각을 사로잡기 위한 싸움이 계속되고 있는 현실을 고려하면 이는 특별히 경각심을 가져야 할 사안이 아닐 수 없다. 성경적인 묵상이라는 즐거운 의무를 회복하지 않으면 지적 차원에서만 하나님의 말씀을 다루는 잘못을 되풀이할 수밖에 없다. 그렇게 되면 성경의 진리를 온전히 소화해 일상 속에서 이행하고, 실천하기가 어렵다.

이 책의 목적은 하나님의 백성에게 개인적인 묵상이 절대적으로

---

1. Edmund Calamy, *The Art of Divine Meditation* (London, 1680), 59.

필요하다는 사실을 상기시켜 주는 데 있다. 이 책은 신자들에게 묵상을 시작하게끔 동기를 부여하고, 하나님의 진리를 묵상하는 방법을 구체적으로 알려주며, 일상 속에서 올바른 사고 형태를 유지해 나가도록 이끄는 역할을 할 것이다. 이 책의 논의 근거는 두 가지, 곧 성경의 가르침과 묵상의 실천에 큰 노력을 기울였던 청교도들의 풍부한 영적 경험이다. 하나님의 백성이 지극히 실천적인 이 주제의 필요성을 깨닫고, 말씀을 진정으로 묵상하는 즐거움을 만끽하기를 간절히 바란다.

묵상은 신자의 마음을 치유하고, 생각을 안정시킨다

지난 몇 세대의 신자들이 성경적인 묵상에 관심을 기울이지 않았던 이유는 무엇일까? 이 질문에 대한 대답은 여러 가지일 수 있지만 가장 중요한 이유는 하나님의 말씀이 신자들이 직면하는 유혹과 문제를 충분히 다루고 있다는 확신이 부족했기 때문이다. 우리는 내적 갈등과 스트레스를 유발하는 온갖 어려움과 유혹과 불안에 시달린다. 그렇다면 하나님은 어떤 방법으로 우리의 상처받은 마음을 치유하고, 위로하게 하셨을까? 하나님은 자기 백성이 오락, 술, 취미 활동, 세속적인 즐거움, 생각을 마비시키는 대중가요, 끊임없는 소비 활동, 스포츠 등 세상 사람들의 도피 수단을 답습하기를 원하실까? 하나님이 자기 백성에게 이 세상에서 올바르게 즐길 수 있는 것들을 은혜로 허락하신 것은 사실이다. 그러나 그분이 우리의 죄와 좌절감을 극복하도록 돕기 위해 베푸신 가장 중요한 수단은 성경의 진리를 마음에 적용하는 것이다. 묵상은 불안정한 마음을 붙들어주는 영혼의 닻과 같다. 윌리엄 베이츠는 "사람들의 생각은 대체로 일관성이 없다. 그러나 묵상은 사슬처럼 그들의 생각을 영적 대상에 붙들어 맨다."라고 말했다.[2] 에드먼드 스미스는 청교도의 묵상을 몇 가지 소개하면서 "묵상은 마음을 고요하게 하고, 감정을 차분하게 가라앉히며, 하나님의 길을 확신하도록 이끈다."라고 덧붙였다.[3] 스미스는 이전 세대의 신자들이 묵상을 특히 시련과 고통을 겪는 상황에서 경건한 사람에게 가장 필요한 것으로 간주했다는 사실에 깊이 주목했다.

토머스 왓슨은 "사람이 치료를 받기 위해 병원에 가는 것처럼 그리스도인도 그런 목적으로 묵상을 실천한다. 묵상은 생명력을 잃고, 속된 것만을 추구하는 영혼을 치유한다."라고 말했다.[4] 성경 묵상은 신자의 치료약이다. 그 이유는 하나님의 성령께서 항상 진리를 지속적인 위로와 도움을 제공하는 수단으로 사용하시기 때문이다. 리처드 십스는 이렇게 말했다. "묵상은 영혼의 내부에서 이루어지는

---

2. William Bates, "On Divine Meditation," in *The Whole Works of the Rev. William Bates*, ed. W. Farmer (1815; repr., Harrisonburg, Va.: Sprinkle Publications, 1990), 3:115.

3. Edmond Smith, *A Tree by a Stream: Unlock the Secrets of Active Meditation* (Rossshire, U.K.: Christian Focus Publications, 1995), 8–9.

4. Thomas Watson, *The Christian on the Mount: A Treatise on Meditation*, ed. Don Kistler (1657; repr., Orlando, Fla.: Northampton Press, 2009), 26–27.

성령의 진지한 사역이다. 이 사역의 목표는 영적인 것이다. 곧 무감각해진 심령을 치유하고, 하나님께 대한 사랑과 그분의 진리에 대한 열정을 일깨우는 등 거룩한 일을 실천하려는 욕구를 느끼게 만드는 데 있다."[5] 이처럼 하나님의 성령께서는 묵상을 통해 거룩한 진리를 적용하게 함으로써 마음의 안식을 누리게 하신다. 성령께서는 염려하는 마음을 달래주고, 영혼의 질서를 회복시켜 주신다. 토머스 후커는 묵상을 "진리를 찾아내어 그것을 마음에 효과적으로 적용하려는 진지한 의도"라고 정의했다.[6] 수술한 후에 몸을 잘 안정시키지 않으면 치료의 효과를 볼 수 없는 것처럼 묵상이 없으면 영적 치유가 이루어질 수 없다. 신자는 개인적으로 하나님의 말씀을 깊이 생각하고, 스스로가 고민하는 문제에 직접 적용해야 한다. 위대한 청교도 목회자 리처드 백스터는 이 세상을 사는 동안 고뇌를 많이 겪었다. 그러나 그는 "거룩한 묵상의 습관"을 통해 위로를 받았고, "시련과 고난이 극심한 가운데서도 마음의 평정을 유지할 수" 있었다.[7] 신자들이여, 말씀의 시냇물은 오늘날에도 백스터의 시대와 똑같이 놀라운 치유의 효력을 발휘한다. 하나님의 말씀 안에

---

5. Richard Sibbes, "Divine Meditations and Holy Contemplations," in *The Works of Richard Sibbes*, ed. Alexander Grosart (1862–1864; repr., Edinburgh: Banner of Truth Trust, 2001), 7:182–83.

6. Thomas Hooker, *The Application of Redemption: Books 9–10* (Ames, Iowa: International Outreach, 2008), 154.

7. Richard Baxter, *The Saints' Everlasting Rest* (1652; repr., Ross-shire, U.K.: Christian Focus, 1998), xxi.

서 은혜와 평화의 영원한 진리를 묵상할 때 위로의 성령께서 도움을 베푸신다는 것을 잊지 말기 바란다.

묵상은 엄청난 영적 가치를 지닌다

묵상은 더 많은 재물, 더 나은 직업, 시련 없는 삶과 같은 세속적인 축복을 가져다주지 않는다. 하나님의 진리를 생각하는 마음에서 비롯하는 축복은 세상이 줄 수 있는 그 어떤 축복보다 더 크고, 고귀한 가치를 지닌다. 나약한 사람은 묵상을 통해 하나님의 은혜를 자신 있게 확신하는 사람으로 바뀐다. 묵상은 무기력한 사람을 각성시키고, 지친 사람에게 활력을 주며, 의기소침한 사람을 격려한다. 나다나엘 래뉴는 "연약한 그리스도인이 묵상을 조금만 해도 곧 힘과 생명력을 얻어 성장을 이루고, 다른 사람들을 유익하게 할 수 있다."라고 말했다.[8] 최근에 그렉 대니얼은 "청교도 경건 생활의 핵심"이라는 말로 묵상의 가치를 옳게 평가했다.[9] 사이먼 챈은 "청교도적 묵상의 전통"이라는 박사 논문에서 묵상을 "최상의 은혜의 수단"으로 간주했다.[10] 제니퍼 니마이어는 왓슨에 관한 최근의 연구 논문에서 왓슨이 "하나님의 말씀을 묵상하는 것을 개인적인 경건

8. Nathanael Ranew, *Solitude Improved by Divine Meditation* (1839; repr., Morgan, Pa.: Soli Deo Gloria, 1995), 157.
9. Greg K. Daniel, "The Puritan Ladder of Meditation: An Explication of Puritan Meditation and Its Compatibility with Catholic Meditation" (MA thesis, Trinity Evangelical Divinity School, 1993), 4.

생활의 가장 중요한 측면으로 간주했다."고 결론지었다.[11]

거룩한 묵상은 다양한 가치를 지닌다. 묵상은 영적 분별력을 제공하고,[12] 성경 읽기와 기도 생활을 향상시키며,[13] 성경의 일반적인 진리를 개인의 상황에 구체적으로 적용하게 하고,[14] 영적 진리를 일깨워 심령을 굳세게 하며,[15] 우리가 알고 있는 진리를 깊이 되새겨 지속적인 유익을 얻도록 이끈다.[16]

묵상이 이렇게 큰 영적 가치를 지니는 까닭에 사탄은 특별히 그것을 방해하려고 애쓴다. 왓슨은 이 사실을 알고, "마귀는 묵상의 원수다…그는 묵상이 마음을 고요하게 가라앉혀 은혜로운 심령 상태를 갖추게 한다는 것을 잘 알고 있다…사탄은 우리가 묵상하는 그리스도인이 아니라 단지 듣고, 기도만 하는 그리스도인으로 머무는 것을 좋아한다. 그는 묵상이라는 총알만 쏘아 박지 않으면 그 외

---

10. Simon K. H. Chan, "The Puritan Meditative Tradition, 1599–691: A Study of Ascetical Pietism" (PhD diss., Madeline College, Cambridge, 1986), 15.

11. Jennifer C. Neimeyer, "Thomas Watson: The Necessity of Meditation," *Puritan Reformed Journal* 2, no. 1 (Jan. 2010): 181.

12. Smith, *Tree by a Stream*, 9.

13. Ranew, *Solitude Improvised*, xi. 묵상이 성경 읽기와 기도의 중간에서 그 둘을 연결시키는 고리 역할을 한다고 생각한 청교도들이 많다.

14. James Ussher, *A Method for Meditation* (London: Printed at Paul's Church Yard, 1656), 43.

15. Thomas Boston, "Duty and Advantage of Solemn Meditation," in *The Complete Works of Thomas Boston*, ed. Samuel M'Millan (1853; repr., Stoke-on-Trent, U.K.: Tentmaker, 2005), 4:454.

16. Calamy, *Divine Meditation*, 59.

에 작은 총알들은 얼마든지 쉽게 견딜 수 있다."라고 말했다.[17] 그러나 오늘날에는 마귀가 승리한 것처럼 보인다. 그는 묵상이 불필요하다고 주장했고, 우리는 그런 그의 주장에 동조하고 말았다. 캘러미는 "묵상을 하지 않는 것은 죄다. 나는 나를 포함해 대다수 그리스도인이 이 죄를 짓고 있다고 확신한다. 이 거룩한 묵상의 필요성을 깊이 인식하고 있는 그리스도인들을 찾아보기가 매우 어렵다."라고 예리하고, 명확하게 지적했다.[18] 이런 이유로 제임스 어셔와 같은 목회자들은 이미 350년 전에 신자들에게 묵상을 강력히 권유했다. 그는 "한 시간의 묵상은 천 편의 설교보다 더 큰 가치를 지닌다. 묵상은 말씀을 욕되게 하지 않고, 더욱 존귀하게 만든다."라고 말했다.[19]

묵상은 건강하게 성장하는 신자들 모두에게 필요한 일이다

미국의 그리스도인들은 과거 그 어느 때보다 더 많은 성경 공부 자료를 손쉽게 구할 수 있고, 성경적인 설교도 더 많이 들을 수 있다. 그러나 그들은 그런 모든 지식을 어떻게 활용해야 할지 몰라 고심한다. 감사하게도 주님은 묵상의 실천을 통해 성경적인 지식을 실

---

17. Thomas Watson, *Gleanings from Thomas Watson*, ed. Hamilton Smith (1915; repr., Morgan, Pa.: Soli Deo Gloria, 1995), 103.

18. Calamy, *Divine Meditation*, 59 – 60.

19. Ussher, *Meditation*, 43.

생활과 연결시킬 수 있게 배려하셨다. 규칙적으로 시간을 할애해 하나님의 일을 개인적으로 깊이 생각하지 않는 신자는 주님이 바라시는 은혜 안에서의 성장을 이룰 수 없다. 왓슨은 묵상의 필요성을 다음과 같이 적절하게 설명했다. "묵상이 없으면 하나님의 진리가 우리에게 머물지 않는다. 마음은 강퍅해지고 기억은 가물거리게 된다. 묵상이 없으면 설교 말씀을 들어도 열정은 생기지 않고, 지식만 늘어나기 쉽다."[20] 백스터는 묵상이 없는 그리스도인을 창문이 모두 닫힌 탓에 빛이 들어오지 않는 집에 비유했다.

성경의 장마다 적혀 있는 말씀들을 꼼꼼히 읽고, 계속해서 설교를 듣더라도 (묵상하지 않으면) 마음이 조금도 고무되지 않거나 기껏해야 마치 한겨울에 불을 쬐다가 불에서 멀어지면 그 전보다 더 추워지는 것처럼 일시적으로 감정이 약간 일다가 사그라질 뿐이다. 그러나 듣거나 읽은 말씀을 깊이 생각하면 성경의 한 구절이나 설교의 한 문장만으로도 눈물이 솟아나거나 탄식이 절로 새어 나오는 등, 이전보다 더 나은 상태로 바뀔 것이다. 사탄은 육신적인 사람들의 마음속에 진을 치고 거주한다. 묵상은 그를 내쫓을 수 있는 가장 중요한 수단이다.[21]

---

20. Watson, *Gleanings*, 106 – 7.

21. Richard Baxter, *Directions to a Sound Conversion*, in *The Practical Works of Richard Baxter: Selected Treatises* (Peabody, Mass.: Hendrickson Publishers, 2010), 543.

그렇다면 그리스도인은 반드시 묵상을 실천해야 할까? 묵상이 필요하지 않은 성장의 단계에 도달한 사람들이 과연 존재할까? 존 볼은 "누가 묵상을 실천해야 하는가?"라는 문제를 다루면서 "스스로도 즐겁지 않고, 다른 사람들에게도 유익하지 않고, 하나님께도 복종하지 않겠다고 작심하지 않는 이상, 이 의무에서 자유로운 사람은 아무도 없다"라고 결론지었다.[22] 청교도는 묵상의 필요성을 입증하기 위해 모세의 계승자인 여호수아를 본보기로 내세웠다. 하나님은 약속의 땅을 정복하는 과업을 독려하기 위해 그에게 나타나셨다. 하나님은 군사 전략이나 전투 계획을 논하지 않으셨다. 그분은 여호수아에게 말씀을 묵상하고, 실천하는 것이 가장 필요하다고 말씀하셨다(수 1:6-8). 헨리 스쿠더는 한가로운 시간에 진리를 묵상하지 않으면 유혹에 이끌려 죄를 지을 수밖에 없다고 강조했다. 그는 "혼자 있을 때는 거룩한 묵상이나 기도로 선한 일을 익히려고 노력해야 한다. 왜냐하면 사탄이 우리가 빈둥거리는 것을 보면 그 기회를 놓치지 않고 우리를 자신의 도구로 삼아 자기의 일을 하게 만들 것이기 때문이다(마 12:44)"라고 조언했다.[23]

토머스 맨튼은 묵상이 모든 신자에게 꼭 필요한 것은 아니라는 식으로 말하는 주장에 대해 "묵상은 필수 의무다. 묵상이 없으면 모

---

22. John Ball, *A Treatise of Divine Meditation* (London: Printed at St. Paul's Church Yard, 1660). 볼은 11-17쪽에서 직업과 상관없이 모든 사람이 성경적인 묵상을 추구해야 한다는 점을 보여주기 위해 다양한 범주의 사람들과 역할들에 대해 논의했다.

23. Henry Scudder, *The Christian's Daily Walk in Holy Security and Peace* (repr., Harrisonburg, Va.: Sprinkle Publications, 1984), 97.

든 은혜가 활기를 잃고, 퇴색한다. 약속을 끊임없이 묵상해 믿음을 살찌우지 않으면 믿음이 빈약해지고, 굶주리게 된다(시 119:92)"라고 논박했다.[24] 아울러 그는 "묵상의 의무를 게을리하는 그리스도인들은 다른 이들 안에 있는 감격스러운 사랑과 마음의 감동을 전혀 느끼지 못한다. 생각이 진중한 경우에는 감정은 항상 생각을 뒤따르기 마련이다…따라서 이것은 없어서는 안 될 의무다"라고 성경적인 묵상의 필요성을 강조했다.[25] 묵상이 없으면 우리의 믿음과 이해는 익지 않은 과일처럼 단순하고, 미숙한 상태에 머물 수밖에 없다. 그러나 하나님을 깊이 묵상하면 그분과 풍성한 사랑의 교제를 나눌 수 있다. 왓슨도 "은혜는 하나님께 대한 기쁨을 독려하고, 기쁨은 묵상을 독려한다. 묵상은 신앙의 본질적 요소에 해당하는 의무로서 믿음의 활력을 유지하는 생명소다…경건한 그리스도인은 곧 묵상하는 그리스도인이다"라고 말했다.[26] 아울러 그는 네 가지 이유를 들어 묵상의 필요성을 상세하게 설명했다.

1. 하나님이 자신의 말씀을 기록하고, 설교하게 하신 목적은 말씀을 알 뿐 아니라 묵상하게 하기 위해서다. 성경은 사랑의 편지다… 따라서 성급하게 대충 읽어서는 안 되고, 깊이 묵상해야 한다… 2.

---

24. Thomas Manton, "Sermons Upon Genesis 24:63," in *The Complete Works of Thomas Manton* (Worthington, Pa.: Maranatha Publications, 1979), 17:270.

25. Manton, "Sermons Upon Genesis 24:63," 17:271.

26. Watson, *Christian on the Mount*, 23 – 24.

묵상이 필요한 이유는 그것이 없으면 경건한 그리스도인이 될 수 없기 때문이다. 묵상이 없는 그리스도인은 무기가 없는 군인이나 도구가 없는 장인과 같다… 3. 묵상이 없으면 우리가 알고 있는 진리가 마음에 영향을 미치지 못한다… 4. 묵상이 없으면 하나님과 그분의 말씀을 경홀히 여기는 죄를 짓게 된다.[27]

묵상은 명상적이거나 사변적인 것이 아닌 실천적인 것을 강조한다

묵상하면 기이한 옷차림을 한 채로 무익하고, 해답 없는 신비를 명상하는 수도사를 떠올리는 사람들이 많다. 그러나 그것은 성경적인 묵상과는 거리가 멀다. 성경적인 묵상은 항상 행위의 변화와 새로운 결심과 실천의 열매를 맺는다. 윌리엄 브리지는 "모든 시간을 묵상에만 할애해 다른 의무를 소홀히 하는 일이 없어야 한다"라는 말로 묵상을 나태함을 감추는 구실로 삼으려는 시도를 경계했다.[28] 안타깝게도 거룩한 진리를 깊이 생각하는 일과 일상의 삶을 적절하게 조화시키지 못하는 신자들이 많다. 바울은 묵상에 관한 신약 성경의 핵심 본문 가운데 한 곳에서 올바른 생각과 올바른 행위의 상관관계를 분명하게 밝혔다.

---

27. Watson, *Christian on the Mount*, 65 –67.
28. William Bridge, "The Work and Way of Meditation," in *The Works of Rev. William Bridge* (1845; repr., Beaver Falls, Pa.: Soli Deo Gloria, 1989), 3:157.

"끝으로 형제들아 무엇에든지 참되며 무엇에든지 경건하며 무엇에든지 옳으며 무엇에든지 정결하며 무엇에든지 사랑받을 만하며 무엇에든지 칭찬받을 만하며 무슨 덕이 있든지 무슨 기림이 있든지 이것들을 생각하라 너희는 내게 배우고 받고 듣고 본 바를 행하라 그리하면 평강의 하나님이 너희와 함께 계시리라."

위의 본문은 하나님의 뜻을 알고만 있는 사람들이 아니라 그분의 진리를 묵상하고 그것을 일상 속에서 실천에 옮기는 사람들에게 축복을 선언한다.

청교도는 성경적인 묵상의 실천적인 목적을 종종 강조했다. 리처드 그린햄은 "묵상은 우리가 알고 있는 진리를 상기시켜 더 깊이 생각하게 하고, 그것을 우리 자신에게 적용해 실천하게 만드는 사고 활동을 뜻한다"라는 말로 묵상이 기독교적 실천을 중심으로 한다는 점을 잘 보여주었다.[29] 왓슨도 이런 묵상의 원칙을 굳게 지지했다.

묵상은 실천으로 이어져야 한다. 묵상을 삶으로 실천하라…묵상과 실천은 형제처럼 서로 밀접하게 관련된다…묵상의 목적은 행위다…이것이 없으면 지식만 많고 삶은 방탕했던 영지주의자들처

---

29. Richard Greenham, "Grave Counsels and Godly Concerns," in *The Works of Richard Greenham* (1599; repr., Amsterdam: Theatrum Orbis Terrarum, 1973), 37.

럼 될 수밖에 없다. 만일 죄에 대해 묵상하고…그것을 실천에 옮긴다면 죄와 결별하는 결과가 나타나야 한다…묵상은 실천적이어야 한다. 약속에 대해 묵상했다면 그 약속을 실천에 옮겨야 한다…하나님의 율법을 묵상하고서 그것에 복종하지 않는다면 천국에 가지 못하는 자들보다 더 못한 사람이 되고 말 것이다…실천이 없는 묵상은 정죄를 더욱 무겁게 가중시킬 뿐이다.[30]

캘러미는 문의 비유를 사용해 묵상과 실천적인 순종의 밀접한 관계를 설명했다. 그는 성경적인 묵상은 이해의 문, 마음의 문, 행동의 문이라는 세 개의 문을 통과해야만 유익한 결과를 낳을 수 있다고 말했다. 그는 "행위를 더욱 거룩하게 만드는 것"이 묵상의 목적이라고 밝히면서 "하나님을 묵상하는 이유는 그분처럼 행동하기 위해서고, 그리스도를 묵상하는 이유는 그분을 존중하며 순종의 삶을 살기 위해서다"라고 덧붙였다.[31] 묵상이 경건한 순종의 행위로 귀결되지 않는 것은 음식을 씹어 삼켰는데도 성장하거나 건강해지지 못하는 것과 같다. 맨튼은 "묵상하는 것은 무엇이든 적용되어야 한다…일반 원리만 알고 있으면 활을 당길 수 없다. 원리를 적용해야만 화살을 날려 과녁을 맞힐 수 있다"라고 말했다.[32] 볼이 적절하게

---

30. Watson, *Christian on the Mount*, 100 – 102.

31. Calamy, *Divine Meditation*, 28.

32. Manton, "Sermons Upon Genesis 24:63," 17:277.

말한 대로 "적용은 묵상의 생명이다."[33]

묵상은 하나님의 말씀을 소화시켜 개인의 삶과 경험 속에 녹여낸다

볼은 "묵상이 없으면 진리를 삼키기만 하고, 소화하지 못하는 결과가 초래된다"라고 말했다.[34] 영양가 있는 음식을 잘 씹지 않고, 대충 한 번씩 베어 물어 꿀떡꿀떡 삼킨다면 어떻게 되겠는가? 주의 깊은 묵상이 없이 설교를 듣고, 성경을 읽는 것이 그와 똑같다. 캘러미는 "음식을 골고루 잘 섞어 소화하지 못하면 영양분을 얻기가 어렵다. 그와 마찬가지로 거룩한 묵상의 의무를 소홀히 하면 은혜로 성장하는 것이 불가능하다. 왜냐하면 모든 거룩한 것과 거룩한 의무를 골고루 혼합하여 소화시키는 것이 묵상이기 때문이다"라고 말했다.[35] 백스터도 소화의 비유를 사용했다. 그는 "소화되어 흡수되기까지 일곱여덟 시간이나 걸리는 음식을 뱃속으로 씹어 삼키는 데는 30분이면 충분하다. 그와 마찬가지로 한 시간이면 스스로가 잘 소화할 수 있는 양보다 더 많은 진리를 이해해 기억해 둘 수 있다. 음식을 너무 많이 먹으면 잘 소화하기가 어렵다"라고 말했다.[36] 래뉴는 "(묵

---

33. Ball, *Divine Meditation*, 132.

34. Ball, *Divine Meditation*, A3.

35. Calamy, *Divine Meditation*, 144.

36. Baxter, *Everlasting Rest*, 549.

상은) 영적 음식을 혼합시켜 영적 자양분으로 바꾸는 일을 돕는 소화력 또는 흡수력이라고 말할 수 있다…묵상은 깊은 생각을 통해 영적 소화를 돕고…이유와 동기를 부여해 순응하고, 순종하는 마음을 갖도록 이끈다"라고 가르쳤다.[37]

도널드 휘트니는 묵상을 간단하게 다룬 최근의 저서에서 묵상을 뜨거운 물과 티백에 비유했다. "하나님의 말씀을 듣는 것은 티백을 찻잔에 한 번 담그는 것과 같다. 물에 차의 맛이 약간 스며 나오지만 티백을 좀 더 오래 물에 담그는 것만큼 맛이 우러나지는 않는다…(묵상은) 티백을 완전히 물에 담가 차의 맛이 남김없이 우러날 때까지 놔두는 것과 같다."[38] 제리 브리지스의 견해도 이와 똑같다. 그는 묵상이 경건한 두려움을 불러일으킨다고 말했다. "하나님에 대한 경외심을 자극하는 데 특별히 적합한 성경 말씀을 묵상하지 않고서 우리의 마음속에서 그런 경외심이 더 커지기를 바라는 것은 헛된 일이다."[39] "다섯 편의 설교를 듣는 것보다 한 편의 설교를 묵상하는 것이 더 낫다. 설교를 들어도 유익이 없다고 불평하는 사람들이 많다. 그 주된 이유는 새김질을 하지 않는 것, 곧 들은 말씀을 묵상하지 않는 것에 있다"라는 왓슨의 말은 참으로 옳다.[40]

---

37. Ranew, *Solitude Improved*, xii.

38. Donald S. Whitney, *Spiritual Disciplines for the Christian Life* (Colorado Springs: NavPress, 1991), 48.

39. Jerry Bridges, *The Practice of Godliness* (Colorado Springs: NavPress, 1983), 50.

40. Watson, *Christian on the Mount*, 85.

성경 말씀을 묵상하는 것과 그것을 듣기만 하는 것은 사람의 마음속에 있는 참된 은혜와 거짓된 은혜의 차이만큼이나 크다. 토머스 화이트는 이렇게 설명했다. "묵상이 없으면 회심이 이루어지지 않는다. 왜냐하면 진리의 말씀을 듣고…깨우침을 얻어…그것을 깊이 생각하며 묵상함으로써…감화를 받아야만 회심할 수 있기 때문이다."[41] 베이츠는 다윗이 묵상을 했기 때문에 하나님의 마음에 합한 사람으로 불렸다고 생각했다. 그것은 "그(다윗)의 정신이 하늘에 속해 있었기 때문이었다."[42] 래뉴는 시편 1편 2절과 119편 97, 148절을 주석하면서 이렇게 말했다.

그는 파수꾼도 아니었는데 밤중에 깨어 묵상했다. 진정 칭찬할 만한 심령의 상태가 아닐 수 없다. 그는 왕이면서도 종일 묵상했고, 밤중에도 묵상했다. 그의 생각을 가득 채운 것은 가업도, 국가의 일도, 전쟁의 긴급 상황도 아니었다. 그는 묵상 안에서 영적으로 훈련하였고 영양분을 섭취했다. 그는 묵상을 통해 하늘에 올라갔다.[43]

---

41. Thomas White, *A Method and Instruction for the Art of Divine Meditation* (London: Printed for Thomas Parkhurst, 1672), 22.

42. Bates, "On Divine Meditation," 3:113.

43. Ranew, *Solitude Improved*, 4–5.

묵상은 기쁘고 즐겁지만, 어렵고 드문 일이다

일전에 실내에 가구들이 그대로 들어있는 채로 황폐하게 무너져 내린 집 앞을 차를 타고 지나친 적이 있다. 하나님의 백성 가운데 많은 사람의 마음이 그 집과 같다는 생각이 들었다. 마음이 황폐해진 이유는 올바른 생각을 하지 않기 때문이다. 하나님의 백성은 묵상을 즐거워해야 하는데도 최신 설비를 갖춘 현대 교회들은 영적 힘을 강화하는 이 숨겨진 보석과도 같은 활동을 거의 망각하고 말았다. 윌리엄 스퍼스토우 당시의 신자들도 오늘날과 크게 다르지 않았다. 그는 《영적 약제사》라는 책에서 그런 현실을 개탄하면서 이렇게 말했다. "이 타락한 세대의 그리스도인들은 대부분 이 거룩하고, 신령한 묵상의 의무에 대해 전혀 문외한이거나 그것을 실천하도록 이끌기가 매우 어렵다."[44] 베이츠는 "거룩한 묵상에 관해"라는 제목의 설교를 이렇게 시작했다. "묵상은 매우 드물고, 실천이 잘되지 않는 의무다. 그것을 알고 있는 그리스도인들도 거의 없고, 그것을 실천하는 그리스도인들은 더더구나 찾아보기가 힘들다."[45] 볼은 《거룩한 묵상》이라는 책의 서두에서 "그리스도인들 사이에서 묵상의 의무보다 더 소홀히 취급되는 의무는 없다"라고 말했다.[46] 백

---

44. William Spurstowe, *The Spiritual Chemist or Six Decades of Divine Meditations* (London: Philip Chetwind, 1666), A3.

45. Bates, "On Divine Meditation," 3:114.

46. Ball, *Divine Meditation*, A3.

스터도 "다른 의무들은 대부분 양심껏 잘 지키는 사람들도 이 의무는 마치 의무가 아닌 것처럼 쉽게 간과한다…그것이 다른 모든 의무를 더욱 향상시키는 의무인데도 말이다"라고 덧붙였다.[47] 제임스 데이비슨은 청교도의 묵상을 다룬 훌륭한 글에서 "기독교적인 묵상의 기술은 기독교적인 자족의 기술처럼 잃어버린 기술이 되고 말았다. 이 기술은 즉각적인 효과를 원하는 요즘의 세상과 잘 부합하지 않는다…묵상은 시간이 걸리는 일이다"라고 말했다.[48] 이런 사람들이 각자 자신의 시대에 묵상이 충분히 이루어지고 있지 않은 현실을 개탄했다면 오늘날에는 그 상황이 얼마나 더 심각하겠는가?

묵상이 그토록 중요하고, 즐거운 일인데 왜 그렇게 소홀히 취급되는 것일까? 간단히 말하면 묵상이 어려운 일이기 때문이다. 오늘날과 같이 산만한 시대는 묵상을 원하지 않는다. 더욱이 우리의 원수인 마귀와 마음의 육신적인 성향도 묵상을 거부한다. 현대 기독교는 쉽고, 즉각적인 영성을 강조하기 때문에 묵상이 자주 소홀히 취급되는 이유를 짐작하기는 조금도 어렵지 않다. 왓슨은 《천국을 침노하라》라는 책에서 묵상이 어려운 이유를 솔직하게 말했다.

우리는 본능적으로 거룩한 묵상을 기피한다. 속되고, 세속적인 것은 온종일 묵상해도 정신을 흩트리지 않고 잘할 수 있지만 하나님

---

47. Baxter, *Everlasting Rest*, 549.

48. James Davison, "What We Can Learn from the Puritan Emphasis on Meditation," *Gospel Magazine* (January 2012): 19.

께 생각을 집중하는 일은 극도로 어렵게 느낀다. 우리의 마음은 이 의무를 거칠게 거부한다…사탄은 이 의무를 방해하려고 최선을 다한다. 그는 묵상의 원수다. 마귀는 우리가 묵상만 하지 않으면 말씀을 아무리 많이 듣더라도 전혀 개의치 않는다.[49]

래뉴의 조언에 귀를 기울이는 것이 지혜로운 일인 이유는 묵상이 그처럼 어려운 일이기 때문이다. 그는 "영혼의 일이 모두 그렇지만 특히 묵상은 그 어려움이 크고, 방해 요인도 많다. 마음의 의지와 결심이 강하고, 고결해야 한다. 끝까지 잘하겠다고 먼저 굳게 결심하지 않으면 묵상을 제대로 수행하기가 불가능하다"라고 말했다.[50] 브리지는 묵상의 사역에는 큰 영적 보상이 뒤따른다고 설명했다.

묵상의 사역은 영혼을 만족시키는 사역이기 때문에 은혜로운 영혼에게는 이보다 더 즐거운 사역이 없다. 자신이 가장 기뻐하는 하나님을 생각하는 것보다 더 큰 기쁨이 어디에 있겠는가?…실천하기는 어렵지만 그로 인한 유익은 참으로 유쾌하고, 은혜롭다…은을 얻게 될 유익을 즐거워한다면 광산에서 흙을 파는 일이 어찌 어렵게 느껴지겠는가?[51]

---

49. Thomas Watson, *Heaven Taken by Storm, ed. Joel Beeke* (1810; repr., Morgan, Pa.: Soli Deo Gloria, 1992), 23.

50. Ranew, *Solitude Improved*, 14.

51. Bridge, "The Sweetness and Profitableness of Divine Meditation," 3:135.

또한 브리지는 신자가 영적으로 유익을 얻으려면 "진리에 영혼을 고정시키고, 그것을 곱씹어 생각해야 한다"라고 말했다.[52] 당시 청교도 목회자들이 그랬던 것처럼 우리도 정신을 가다듬어 생각하는 일을 힘들어한다. 그러나 어렵더라도 계속 시도하려고 노력해야한다. 하나님 앞에 조용히 앉아 그분의 말씀을 듣고 그 말씀을 생각하는 습관을 기르는 데 시간을 할애하는 것은 영적으로 성장하고있다는 증거다. 개인적으로 하나님과 조용히 시간을 보내는 일의 특별함을 생각하며 어려움을 극복해야 한다. 로버트 볼턴은 "영적유익을 가져다주는 그런 귀한 기회를 흘려보내지 말고, 은밀하게하나님과 편안하고, 은혜로운 교제를 나누라"고 권고했다.[53] 십스도 "그러므로 참된 그리스도인은 자신의 영혼에 하나님의 풍성한 은혜를 가득 채우려고 노력해야 한다. 즉 묵상을 통해 모든 상황을 마음속으로 깊이 생각하며 곰곰이 되새겨야 한다"라고 말했다.[54] 묵상에 관한 어셔의 기도로 이번 장을 마무리하고자 한다. "하나님, 수단을 기꺼이 활용해 그로 인한 결과를 즐길 수 있게 도와주소서."[55]

---

52. Bridge, "The Sweetness and Profitableness of Divine Meditation," 3:126.

53. Robert Bolton, *General Directions for a Comfortable Walking with God* (1626, repr., Ligonier, Pa.: Soli Deo Gloria, 1991), 79 – 80.

54. Sibbes, "Divine Meditations and Holy Contemplations," 7:181.

55. Ussher, *Meditation*, A3.

2장
비성경적인 형태의 묵상

━━━

현대의 그리스도인들은 묵상이 이방 종교나 극동 지역의 종교 개념에 근거하고 있다고 생각할 정도로 성경적인 묵상을 소홀히 해 왔다. 요즘 사람들은 묵상을 성경적인 실천 행위로 언급하지 않는다. 따라서 이번 장에서는 묵상에 관한 흔한 오해를 몇 가지 다루고자한다.

묵상의 실천은 개인의 영적 상태를 정확하게 드러낸다

성경은 영적으로 건강하게 성장하는 하나님의 자녀라면 누구나 묵상을 실천할 필요가 있다고 분명하게 가르치지만 묵상 없이 신앙생활을 할 수 있다고 생각하는 사람들이 너무나도 많다. 그러나 사실 묵상을 하지 않는 사람은 아무도 없다. 모든 사람이 무엇인가를 묵상한다. 따라서 성경적인 묵상을 실천해 유익을 얻는 법을 배우든지, 우울한 생각이나 죄가 되는 생각을 떠올려 우리의 심령을 위태롭게 만들든지 둘 중에 하나다. 빌헬무스 아 브라켈은 "마음이 있으면 생각을 하기 마련이다. 회개하지 않은 사람, 곧 자연인도 생각을 한다. 그러나 그의 생각은 그의 본성과 일치한다"라고 말했다.[1] 모든 사람은 옳은 것이든 그른 것이든, 또는 중립적인 것이든 무엇인가를 생각한다. 삶의 문제나 다른 사람들이 저지른 잘못을 생각하는 사람들도 있고, 돈을 더 많이 버는 방법이나 집을 잘 꾸미는 방법을 생각하는 사람들도 있으며, 성경의 진리를 생각하는 사람들도 있다. 보편적으로 모든 사람이 생각, 곧 묵상을 실천하고 있다. 토머스 왓슨은 이렇게 말했다. "농부는 자신의 토지를 생각하고…의원은 치료약을 생각하고…법률가는 법을 생각하고…상인은 대부분 자신의 상품을 생각한다."[2]

이처럼 세속적인 묵상이 있고, 그리스도를 영화롭게 하는 묵상이 있다. 이것이 현실이다. 에드먼드 캘러미는 "악하고, 죄가 되는 묵상이 있다. 악한 것을 생각할 때 그런 묵상이 이루어진다(시 7:14; 36:4, 잠 2:2)…거룩하고, 경건한 묵상이 있다. 하늘에 속한 거룩한 것을 생각할 때 그런 묵상이 이루어진다"라고 말했다.[3] 나다나엘 래뉴는 묵

---

1. Wilhelmus a Brakel, "Spiritual Meditation," in *The Christian's Reasonable Service*, ed. Joel R. Beeke, trans. Bartel Elshout (Grand Rapids: Reformation Heritage Books, 1995), 4:26.

2. Watson, *Christian on the Mount*, 69.

상이란 "좋은 것이든 악한 것이든 어떤 것을 열심히, 진지하게 생각하는 것"을 의미한다고 말했다.[4] 사람이 습관적으로 매일 묵상하는 그것이 곧 그 사람의 참된 영적 상태를 드러낸다. 헨리 스쿠더는 "사람이 묵상하는 것이 곧 그의 참 모습이다"라고 말했다.[5] 왓슨도 묵상은 "개인의 본성을 여실히 드러낸다"라고 말했다.[6] 솔로몬은 "대저 그 마음의 생각이 어떠하면 그 위인도 그러한즉"(잠 23:7)이라고 말했고, 우리 주 예수님은 "좋은 나무가 나쁜 열매를 맺을 수 없고 못된 나무가 아름다운 열매를 맺을 수 없느니라…이러므로 그들의 열매로 그들을 알리라"(마 7:18, 20)라고 말씀하셨다. 좋은 것이든 나쁜 것이든, 긍정적인 것이든 부정적인 것이든 모든 사람이 무엇인가를 생각하기 때문에 이번 장에서는 비성경적인 묵상을 잠시 살펴보는 것이 좋을 듯하다. 캘러미는 그 누구보다도 더 적절한 말로 악한 묵상을 중단하라고 간곡히 권유했다.

우리는 주님 앞에서 묵상을 잘못해 온 것을 슬피 뉘우쳐야 한다. 왜냐하면 인간의 마음은 잠시도 가만히 있지 않기 때문이다. 그것은 마치 태엽을 감기만 하면 끊임없이 움직이는 시계추와 같다. 인간의 마음은 항상 무엇인가를 생각한다…이제 골방에 들어가서 평생

3. Calamy, *Divine Meditation*, 2-3.
4. Ranew, *Solitude Improved*, 6.
5. Scudder, *Daily Walk*, 102.
6. Watson, *Christian on the Mount*, 93.

토록 그대들 안에 있는 불멸의 영혼에게 겉껍데기만 갈아 먹인 잘못을 하나님 앞에서 진심으로 뉘우쳐야 한다…그대들은 일평생 헛된 것만 생각했지, 영원한 것은 묵상하지 않았다.[7]

비성경적인 형태의 묵상

요즘에는 묵상이 전과 다르게 크게 유행하고 있다. 그러나 불행히도 요즘에 유행하는 묵상은 성경이 가르치는 묵상이 아니다. 도널드 휘트니는《영적 훈련》에서 이런 현실을 개탄했다. "현대 문화의 안타까운 특징 가운데 하나는 묵상이 성경적인 기독교가 아니라 비기독교적인 사상 체계와 더욱 긴밀하게 연관되어 있다는 것이다. 심지어는 신자들조차도 묵상을 요가, 초월 명상, 이완 요법, 뉴에이지 운동과 결부시켜 생각할 때가 많다."[8] 거짓 종교가 묵상을 빼앗아 간 탓에 어떤 그리스도인들은 그것을 아예 거부해 버린다. 내가 이 책을 쓰는 동안에도 묵상과 같은 뉴에이지 주제를 다루는 이유를 궁금해하는 신자들이 더러 있었다. 그렇다면 그릇된 묵상에는 어떤 것들이 있을까?

---

7. Calamy, *Divine Meditation*, 202–3.

8. Whitney, *Spiritual Disciplines*, 47.

로마 가톨릭교회의 영성, 신비주의, 명상 기도

나는 개신교 신자들이 가톨릭교회의 묵상 자료를 활용하는 것에 오랫동안 깊은 우려를 느껴 왔다. 어떤 사람들은 그런 노력이 자신의 영적 삶에 도움이 된다고 주장한다. 물론 역사적인 개신교와 로마 가톨릭교회가 모두 묵상을 유익하게 활용하는 법을 가르쳐 온 것은 사실이다. 심지어는 두 진영이 사용하는 용어들은 서로 비슷하기까지 하다. 그러나 두 진영의 묵상 체계의 핵심에는 큰 차이점이 있다. 글렌 힌슨은 묵상에 관해 이그나티우스 로욜라(스페인 수도사이자 예수회 창립자—편집주)와 리처드 백스터의 견해를 비교하는 논문을 썼다. 그는 이그나티우스의 《영적인 실천사항》과 백스터의 《성도의 영원한 안식》을 비교하고 나서 "이그나티우스의 표현은 대체로 전통에 근거하고, 백스터의 표현은 성경에 근거한다. 전자는 영성 형성을 위한 지침서를 작성하는 데 주력했고, 후자는 성경 본문에 근거해 매우 긴 설교나 권고를 제시하는 데 초점을 맞추었다"라고 결론지었다.[9] 묵상과 관련해 가톨릭교회와 개신교가 그런 중요한 차이를 드러내는 이유는 기독교 신앙의 근본 원리들에 관해 서로의 입장이 전반적으로 엇갈리는 이유와 일맥상통한다. 구체적으로 말해 역사적인 개신교는 오직 하나님의 말씀만을 참된 영성의 토대로 간주한다. 영성의 형태나 개념은 무엇이 되었든 기록된 말씀과 굳

---

9. E. Glenn Hinson, "Ignatian and Puritan Prayers: Surprising Similarities: A Comparison of Ignatius Loyola and Richard Baxter on Meditation," *Merton Annual* 20 (November 2007): 80.

게 결부되어야 한다. 그렇지 않으면 비성경적인 신비주의와[10] 종교적인 감정주의로 치우치는 결과를 피하기 어렵다. 그런 결과는 사람을 빛보다는 어둠 속으로 더욱 깊이 끌어 들인다. 시편 119편 130절은 "주의 말씀을 열면 빛이 비치어 우둔한 사람들을 깨닫게 하나이다"라고 말씀한다.

개신교와 로마 가톨릭교회는 둘 다 묵상에 상상력을 적절하게 사용하는 것을 용인한다.[11] 그러나 개신교는 궁극적으로 "오직 성경"만을 규칙과 실천의 원리로 삼는다는 교리의 한계를 넘어서지 않는다. 더욱이 청교도 전통은 상상력을 훨씬 덜 강조했다. 그 결과, 개신교의 묵상은 로마 가톨릭교회의 묵상과는 다르게 무익한 사변을 일삼는 잘못을 피할 수 있었다. 밀로 카우프만은 표현은 약간 과장되었지만 올바른 설명을 제시했다. 그는 "청교도가 묵상에 상상력을 활용하지 못했던 이유는 그것이 진리보다 열등하다는 확신을 지녔기 때문이다. 그들은 하나님이 가장 중요한 것들을 모두 말씀 안에 계시하셨다고 믿었다"라고 말했다.[12] 따라서 신비주의로 치우칠까 봐 두려워 성경적인 묵상을 강조하기를 꺼리는 개신교 신자들은 비성경적인 형태의 묵상에 대해 지나친 반응을 나타내는 것이다.

---

10. 신비주의란 생각을 성경에 기록된 객관적인 진리에 복종시키지 않고, 영적인 하나님 체험을 추구하는 것을 의미한다. 신비주의는 로마 가톨릭교회는 물론, 은사주의 오순절 운동 안에 만연하다.

11. 《천로역정》은 성경적인 묵상에 상상력을 적절하게 적용한 가장 좋은 본보기다.

12. U. Milo Kaufman, *The Pilgrim's Progress and Traditions in Puritan Meditation* (New Haven: Yale University Press, 1966), 128.

하나님의 말씀보다 마음의 생각을 더 신뢰하는 가톨릭교회는 "만물보다 거짓되고 심히 부패한 것은 마음이라"(렘 17:9)라는 예레미야의 경고에 귀를 기울여야 할 필요가 있다. 인간의 마음은 부패했고, 스스로를 기만하는 경향이 있기 때문에 우리의 영성과 묵상은 항상 거룩한 성경의 진리에 의해 통제되어야 한다. 윌리엄 브리지는 "은혜로운 묵상이 이루어지려면 성경의 한계를 벗어나지 않도록 주의해야 한다. 성경의 한계 내에 있는 것 외에 다른 그 무엇도 묵상에 개입시켜서는 안 된다"라고 적절하게 조언했다.[13]

아울러 최근에 복음주의 진영 안에서 유행하고 있는 명상 기도(또는 명상 예배)에 대해서도 경각심을 일깨워야 할 필요가 있다. 전통적인 로마 가톨릭교회의 신비주의와 유사한 명상 기도는 기록된 계시와 상관없이 하나님과의 실존적인 만남을 통해 영적 경험을 얻으려는 비성경적인 형태의 묵상에 해당한다. 특별히 새롭게 발생한 위험은 아니지만, 성경과 기도라는 하나님이 정하신 수단과 상관없이 그분과 영적 교제를 나눌 수 있다는 잘못된 생각에 현혹된 그리스도인들이 적지 않다. 이 운동은 복음주의 교회들이 성경의 충족성에 대한 절대적인 신념을 저버리게 된 데서 비롯한 결과다. 이 운동은 내면의 영적 필요를 성경만을 의지해 채우려고 하지 않는다. 성경을 무시하는 이런 영성들은 유행을 따르기 때문에 일시적으로 나

---

13. Bridge, "The Work and Way of Meditation," 3:154.

타났다가 사라지지만 진리는 항상 변함이 없다. "내가 주의 법을 어찌 그리 사랑하는지요 내가 그것을 종일 작은 소리로 읊조리나이다"(시 119:97). "주의 말씀은 내 발에 등이요 내 길에 빛이니이다"(시 119:105). 우리는 토머스 맨튼의 경고에 귀를 기울여야 한다. 그는 "하나님이 계시하신 이상의 것을 알려고 하지 말라. 스스로의 생각이 말씀의 한계를 벗어나지 않게 하라. 광적인 두뇌는 묵상을 남용하기 무척 쉽다. 빵과 포도주를 마다하고 돌을 갉아먹는 어리석음을 범하지 말라"라고 말했다.[14]

초월 명상, 요가, 극동 지역의 종교

1960년대 말, 인기 있는 영국의 록 그룹 "비틀즈"가 인도 여행을 시작했다. 그들은 마하리시 마헤쉬 요기를 정신적인 스승으로 받아들였다. 마하리시는 초월 명상 운동의 창시자이자 지도자였다. 불행히도 비틀즈가 영적 관심을 나타내기 시작할 무렵, 이 운동은 이미 열성적인 추종자들을 통해 널리 확산된 상태였다. 초월 명상은 오늘날에도 "생각을 뛰어넘어 내면 깊이 들어가서 생각의 근원, 곧 초월의식으로 알려진 순수한 의식을 경험하도록 이끄는" 이완 요법으로 많이 이용되고 있다.[15] 이 명상은 생각 자체를 비우는 것과 수동적인 사고를 독려한다. 요즘 유행하는 요가 명상도 "감각과 육체

14. Manton, "Sermons Upon Genesis 24:63," 17:278.

15. "Transcendental Meditation," Maharishi Foundation USA, http://www.tm.org/meditation-techniques.

와 호흡과 마음을 훈련할 뿐 아니라 세상과 다른 사람들과의 관계 안에서 굳건한 토대를 구축하는 것을 비롯해 인간 존재의 모든 차원을 체계적으로 다룬다."[16] 오늘날 요가와 초월 명상과 같은 동양 종교의 실천 행위는 서구 사회에서 큰 인기를 누리고 있을 뿐 아니라 심지어는 매우 흔히 접할 수 있는 일상이 되다시피 했다.《요가 저널》에 게재된 2008년의 연구 결과에 따르면 대략 680만 명에서 1,580만 명에 달하는 미국인들이 현재 요가를 하고 있고, 앞으로 요가를 할 생각이 있다는 사람들의 숫자는 그보다 더욱 많은 것으로 나타났다.[17]

왜 이런 가짜 묵상들이 널리 환영받는 것일까? 그 이유는 인간이 물질적인 존재 그 이상이라는 사실을 깨달은 사람들이 많아졌기 때문이다. 온전한 인간성을 발현하려면 인간의 비물질적인 부분을 다루어야 한다. 그러나 죄인인 인간은 하나님의 진리에 귀를 기울여 비물질적인 부분을 치유하는 방법을 깨우치려고 하지 않고, 오히려 그분에게서 도망쳐 그리스도의 치유하는 은혜와 상관없이 내적 평화와 안식을 얻을 방법을 찾으려고 애쓴다. 초월 명상은 정신적 기법으로 기독교의 진리를 대체한다. 에드먼드 클라우니는 이렇게 지적했다. "초월 명상은 비종교적인 기법으로 미국에 침투했다. 기독

---

16. Samaya Sri Vidya Tantra, "Traditional Yoga and Meditation of the Himalayan Masters: Self-Realization Through the Yoga Sutras, Vendata," http://www.swamij.com/oneline-yoga-meditation-world.htm.

17. "Yoga Journal Releases 2008 'Yoga in America' Market Study," *Yoga Journal*, http://www.yogajournal.com/advertise/press_releases/10.

교의 기도를 탐탁지 않게 생각하는 사람들 가운데 많은 사람이 갑작스레 종교와 무관하게 하루에 20분씩 명상 활동을 하기 시작했다. 급기야 그들은 기도조차도 종교와 무관한 형태로 현대인을 위해 활용할 수 있다고 생각하는 것처럼 보인다."[18] 요가와 초월 명상은 둘 다 비종교적이라고 주장하지만 일종의 정신적 진공 상태를 유발시켜 영적 포식자들에게 생각이 유린되는 결과를 가져올 수 있다. 초월 명상은 사람들의 자기실현을 돕는다고 주장하지만 실제로는 제각기 저마다의 절대적인 진리와 저마다의 신을 추론해 내도록 유도한다. 비종교적인 묵상은 사사 시대처럼 "사람이 각기 자기의 소견에 옳은 대로 행하도록"(삿 21:25) 부추긴다.

그와는 대조적으로 성경적인 묵상은 생각을 비우라고 요구하지 않고, 오히려 생각을 성경 말씀으로 가득 채우고, 성경의 객관적인 진리에 고정시키라고 가르친다. 성경적인 묵상은 자아실현을 목표로 삼지 않고, 하나님을 추구하여 하나님의 생각을 생각하도록 이끈다. 성경적인 묵상은 무엇을 하든지 위대하고, 전능하신 하나님 앞에서 사는 것이라는 의식을 고양한다. 성경적인 묵상은 생각이 신념을 드러내게 한다. 우리가 인정하든 않든 우리의 생각이 우리의 종교를 결정한다. 빌헬무스 아 브라켈은 성경적인 묵상의 독특한 본질을 매우 적절하게 설명했다.

---

18. Edmund P. Clowney, *Christian Meditation* (Nutley, N.J.: Craig Press, 1979), 7 –8.

영적 묵상은 종교적인 활동이다. 그것은 한가한 여가 활동도 아니고, 수동적인 태도로 성스러운 완전함과 신비를 깨우칠 수 있는 빛이 비치기를 바라는 것도 아니다…묵상은 영혼이 그런 문제들(성스러운 완전함)을 집중적으로 생각하고, 그것들을 기꺼이 인정하고, 그 안에서 즐거움과 경이로움을 느끼고, 그로 인해 삶의 활력을 얻는 활동이다.[19]

악을 꾀하는 사람들

은혜가 없으면 인간의 생각과 마음은 참으로 무섭기 그지없다. 인간의 마음은 더할 나위 없이 어둡고, 사악한 생각을 부추긴다. 텔레비전에 나오는 저녁 시트콤이나 극장에서 상영하는 영화만 보더라도 타락한 인간이 악을 도모하는 일에 얼마나 능숙한지를 금방 알 수 있다. 경건하고, 사랑스러운 것 대신에 악한 것을 묵상할 때 우리의 부패한 마음의 상태가 여실히 드러난다. 다윗은 악한 사람에 대해 "그는 그의 침상에서 죄악을 꾀하며 스스로 악한 길에 서고 악을 거절하지 아니하는도다"(시 36:4)라고 말했다. 캘러미는 "마귀의 일을 얼마나 자주 되새기는가? 불결한 생각과 교만한 생각과 불신의 생각이 마음을 얼마나 많이 장악하고 있는가? 오, 친구들이여. 침상에 누워 하나님과 그분의 일을 생각하고, 명상하고, 묵상하지 않고, 언제까지 죄의 길을 생각하고, 묵상할 셈인가?"라고 물었다.[20]

---

19. a Brakel, "Spiritual Meditation," 4:25.

예를 들어 토머스 굿윈은 우리에게 잘못을 저지른 사람들만을 생각하는 경향을 지적했다. 그는 "다른 사람들이 우리에게 해를 입혔을 때 그 잘못만을 생각한다면 결국 복수만을 곱씹지 않겠는가? 그런 경우에는 앙갚음할 방법만 생각할 수밖에 없다."라고 말했다.[21]

그러나 거룩하신 하나님은 우리의 행위만이 아니라 그 생각과 동기를 심판하신다. 성경은 "악을 꾀하는 자는 정죄하심을 받으리라"(잠 12:2)라고 말씀한다. 캘러미는 다음과 같이 힘주어 말했다. "악을 저지를 방법을 궁리하는 사람들이 있다. 그것은 이중적인 죄에 해당한다. 곧 악을 저지르는 것이 하나의 죄요, 악을 도모하는 것이 또 하나의 죄인데 후자의 죄가 더 크다. 악을 실행하지 않거나…중도에 실패하더라도 악한 계획을 세우고, 궁리하는 것만으로 지옥에 가기에 충분하다."[22] 악하거나 헛된 생각만 해도 책임이 있다는 것을 기억해야 한다. 악한 생각을 하지 않으려면 하나님의 진리를 묵상해야 한다. 토머스 보스턴은 "죄를 생각하는 것을 즐기다가 소리도 없이 지옥으로 달려가는 사람들이 많다…어떤 사람들은 오로지 세상의 일만을 생각한다. 그러나 바르게 묵상하려면 신령한 것을 생각의 주제로 선택해야 한다"라고 말했다.[23]

---

20. William Bridge, "The Work and Way of Meditation," 3:160.

21. Thomas Goodwin, *The Vanity of Thoughts Discovered,* in *The Works of Thomas Goodwin* (Edinburgh: James Nichol, 1862), 3:514.

22. Calamy, *Divine Meditation*, 70–71.

저급한 것을 생각하는 사람들

초월 명상 운동에 동참할 생각은 없더라도 대부분 사소하거나 영원한 가치를 지니지 못한 것들만 생각하며 살아가는 사람들이 많다. 그들은 심지어 그런 생각에 완전히 매몰되기까지 한다. 그와는 달리 기독교적 묵상은 하나님의 영광에 누가 되는 생각을 멀리하기 위해 계획적으로 실행하는 영적 실천이다. 예를 들어 토머스 화이트는 탐욕스러운 사람이 재물에 대한 집착적 생각에서 벗어나려면 성경적인 묵상을 통해 "하나님을 향한 사랑의 불길로 마음을 뜨겁게 지펴야" 한다고 조언했다.[24] 사람들은 주로 세상의 일에 생각의 힘을 소진한다. 그 이유는 그렇게 하기가 가장 쉽기 때문이다. 왓슨은 이렇게 말했다. "우리는 속되고, 세속적인 것은 온종일 묵상하더라도 정신을 흩트리지 않고 잘할 수 있지만 하나님께 생각을 집중하는 일은 극도로 어렵게 느낀다."[25] 우리의 가장 큰 원수인 사탄은 여러 가지 일로 정신을 흐트러뜨려 영원한 것을 생각하지 못하게 만든다. 그는 사소한 것들을 우리의 마음에 가득 채운다. 왓슨은 그런 것들을 "아무런 유익이 없는 속된 묵상"으로 일컬었다. 속된 생각이 아무런 유익이 없는 이유는 무엇일까? 그 이유는 "하나님께 초점을 맞추지 않기" 때문이다.[26] 그러나 하나님을 영화롭게 하는

23. Boston, "The Work and Way of Meditation," 4:454.

24. White, *Divine Meditation*, 24.

25. Watson, *Heaven Taken by Storm*, 23.

26. Watson, *Christian on the Mount*, 94 –95.

일을 생각하면 온종일 그분과 더욱더 깊은 교제를 나눌 수 있다. 조셉 홀은 "비속한 발로는 묵상의 산에 오를 수 없다. 율법이 수여될 때와 마찬가지로 이 문제와 관련해서도 짐승은 하나님의 산에 접근하면 죽음을 피할 수 없다. 오직 마음이 청결한 사람에게만 하나님을 볼 것이라는 약속이 주어진다."라고 말했다.[27]

---

27. Joseph Hall, *The Art of Meditation,* in *Bishop Joseph Hall and Protestant Meditation in Seventeenth-Century England,* ed. Frank L. Huntley (Binghamton, N.Y.: Center for Medieval and Early Renaissance Studies, 1981), 75.

3장
성경적인 묵상의 정의

━━━━

앞에서 그릇된 형태의 묵상을 몇 가지 살펴보았다. 이번에는 관심
을 돌려 이 주제에 관한 성경의 올바른 가르침을 잠시 살펴보자. 먼
저 신구약 성경을 근거로 성경적인 묵상을 정의하고, 그런 다음에
청교도 운동을 생각해 보는 것이 좋을 듯하다.

성경적인 묵상의 정의: 구약 성경

구약 성경에서 "묵상하다"로 번역된 히브리어는 두 가지다. 그 가운
데 하나는 "하가"(*hagah*)다. 이 용어는 성경적인 묵상과 관련된 가장
유명한 성경 구절 두 곳(수 1:8; 시 1:2)에 사용되었다.[1] "탄식하다, 소

━━━━

1. 시 19:14; 49:3; 63:6; 77:12; 143:5; 사 33:18에도 이 용어가 사용되었다.

리 지르다, 고함치다, 목소리를 내다, 읊조리다, 웅얼거리다, 묵상하다, 계획하다, 꾀하다, 말하다, 상상하다." 등으로 번역되기도 하는 이 용어는 주로 마음속으로 무엇인가를 곰곰이 생각하는 상태를 묘사한다.[2] 《구약 성경 신학용어집》은 아래와 같이 설명한다.

"하가"와 그 동족어의 기본 의미는 비둘기의 구슬픈 울음이나 먹잇 감을 노리는 사자의 으르렁거림과 같은 낮은 울림을 묘사한다…이 용어는 거짓말로 속이기 위해 국가나 악인이 은밀하게 계책을 궁리하는 것을 종종 가리키기도 하고…또 다르게는 (악인이 쉬지 않고 악을 도모하는 것처럼) 밤낮으로 하나님의 말씀을 깊이 묵상한다는 긍정적인 의미로 사용되기도 한다.[3]

시편 1편 2절은 그런 식의 묵상을 하나님의 율법을 "즐거워한다"라는 말로 표현했다.[4] 이처럼 성경은 그들이 즐거워하는 대상을 통해 경건한 사람들과 그렇지 않은 사람들을 명확하게 구별한다. 토머스 왓슨은 "하나님의 율법을 즐거워하는 사람은 그것을 자주 생

---

2. 시편 39편 3절은 이 용어를 다윗의 경험 속에서 일어나는 일을 설명하는 의미로 받아들여 "읊조리다"로 번역했다. "내 마음이 내 속에서 뜨거워서 작은 소리로 읊조릴 때에 불이 붙으니 나의 혀로 말하기를."

3. Gleason Archer Jr., R. L. Harris, and B. K. Waltke, eds., *Theological Wordbook of the Old Testament* (Chicago: Moody Press, 1999), Logos e-book.

4. 시편 119편 14-16절과 23, 24절도 사용하는 히브리어는 다르지만 하나님을 묵상하는 것을 그분을 즐거워하는 것과 하나로 연관시켰다.

각한다. 사람은 자신이 즐거워하는 것을 생각하기 마련이다. 재물을 즐거워하면 그것에 골몰할 수밖에 없다. 탐욕스러운 사람은 땅의 일을 생각한다(빌 3:19). 그와 같이 하나님의 일을 즐거워하면 자연히 그것을 생각하게 된다."라고 적절하게 설명했다.[5]

묵상을 뜻하는 또 다른 히브리어는 "시아크"(siyach)다.[6] 이 용어는 시편 119편에서 "묵상"으로 번역되었다(한글 성경에는 읊조린다고 번역됨-편집주). 예를 들어 97절은 "내가 주의 법을 어찌 그리 사랑하는지요 내가 그것을 종일 작은 소리로 읊조리나이다"라고 말씀한다. 여기에서도 묵상이 마음으로 사랑하는 것과 밀접하게 연관된 것을 알 수 있다. 래뉴는 "묵상은 즐거움을 대동한다. 묵상의 즐거움은 불길처럼, 곧 엘리야의 불병거처럼 영혼을 하늘나라를 생각하는 상태로 이끌어 올린다."라고 말했다.[7] 시아크는 마음속으로 사랑스럽게 되풀이한다는 의미를 지니지만 하가와는 달리 큰 소리를 내어 말할 수도 있고 마음속으로 조용히 읊조릴 수도 있다. 따라서 이 용어는 "말하다, 불평하다, 선언하다, 생각하다, 기도하다" 등으로 번역할 수 있다. 다윗은 "주의 말씀을 조용히 읊조리려고 내가 새벽녘에 눈을 떴나이다"(시 119:148)라는 말로 묵상을 분명하게 나타냈다. 이 용어의 변형어인 "수아흐"(suwach)가 창세기 24장 63절에 사용

---

5. Watson, *Christian on the Mount*, 11. 왓슨은 많은 노력을 기울여 묵상과 즐거움의 개념을 연관시켜 설명했다. 11, 12쪽을 참조하라.

6. 시아크는 시 77:6; 104:34; 119:15, 23, 27, 48, 97, 99, 148, 145:5; 욥 1:54에 사용되었다.

7. Ranew, *Solitude Improved*, 34.

되었다. 그곳에 보면 이삭이 리브가를 데리러 간 종이 돌아오기를 기다리면서 "묵상했던" 것을 알 수 있다.[8] 이것은 영혼의 문제들을 신중하게 생각하며, 곱씹는 것을 의미한다. 간단히 말해 구약 성경의 묵상은 마음과 생각 속에서 이루어지는 영적 활동의 하나로 하나님을 경외하는 신자의 특징이다. 하나님을 경외하는 신자는 그분의 말씀을 사랑하고, 그것을 금이나 꿀송이처럼 소중하게 여긴다.

성경적인 묵상의 정의: 신약 성경

신약 성경은 다양한 방식으로 묵상을 언급했다.《새 미국 표준역 성경NASB》은 신약 성경에서 "묵상하다"라는 용어를 한 번도 사용하지 않았지만 그 개념이 도처에 분명하게 드러나 있다.

신중하게 생각하기

바울은 빌립보서 4장 8절에서 "끝으로 형제들아 무엇에든지 참되며 무엇에든지 경건하며 무엇에든지 옳으며 무엇에든지 정결하며 무엇에든지 사랑받을 만하며 무엇에든지 칭찬받을 만하며 무슨 덕이 있든지 무슨 기림이 있든지 이것들을 생각하라"라고 말했다. 여기에서 "생각하라"는 "어떤 문제를 신중하게 생각하다, 곰곰

---

8. 창세기 24장 63절은 묵상에 관한 청교도의 가르침을 입증하는 증거 구절로 종종 사용되었다.

이 생각하다, 착념하다, 깊이 생각하다"를 뜻하는 헬라어 "로기조마이"(*logizomai*)를 번역한 것이다.[9] 피터 오브라이언은 "바울 사도는 편지의 수신자들에게 자신이 언급한, 유익하고 건전한 것들을 항상 생각하라고 당부했다."라고 말했다.[10]

생각하기

히브리서 저자는 신자들에게 박해와 시련 가운데서 인내하려면 영적 진리들을 생각해야 한다고 조언했다. 히브리서 11장 19절은 "그(아브라함)가 하나님이 능히 이삭을 죽은 자 가운데서 다시 살리실 줄로 생각한지라 비유컨대 그를 죽은 자 가운데서 도로 받은 것이니라"라고 말씀한다. 히브리서 12장 3절도 신자들에게 "피곤하여 낙심하지 않기 위하여" 그리스도의 고난을 "생각하라"고 명령했고,[11] 히브리서 10장 24, 25절은 "서로 돌아보아(서로를 생각해) 사랑과 선행을 격려하기" 위해 함께 모이기를 힘쓰라고 당부했다. 이는 다른 신자들을 영적으로 굳세게 하는 책임을 신중하게 생각하라는 뜻이다. 여기에서 "생각한다"는 말은 "어떤 대상에 온전히 마음을 기울이는 것, 좀 더 높은 곳에서 그 전체를 바라보고 이해하기 위해

---

9. W. Arndt, W. Bauer, and F. W. Danker, *A Greek-English Lexicon of the New Testament and Other Early Christian Literature*, 3rd ed. (Chicago: University of Chicago Press, 2000), Logos e-book.

10. Peter T. O'Brien, *The Epistle to the Philippians: A Commentary on the Greek Text* (Grand Rapids: Eerdmans, 1991), Logos e-book.

11. 히브리서 3장 1절을 참조하라.

생각을 몰입하는 것"을 뜻하는 헬라어 "카타노에오"(katanoeo)를 번역한 것이다.[12]

곰곰이 생각하기

누가복음 2장 19절은 예수님의 탄생과 유소년 시절을 둘러싸고 일어난 기이한 사건들과 상황을 곰곰이 생각했던 마리아의 태도를 묘사한다. "마리아는 이 모든 말을 마음에 새기어 생각하니라."[13] 이것은 마음이 신령한 신자들의 습관이다. "생각하니라"로 번역된 용어는 "진지하게 생각하다, 숙고하다, 깊이 생각하다, 논의하다."를 뜻하는 헬라어 "숨발로마이"(sumballomai)에서 파생했다.

마음이나 감정을 기울이기

바울은 골로새 성도들에게 "위의 것을 생각하고 땅의 것을 생각하지 말라"(골 3:2)고 당부했다. 여기에서 "생각하다"는 "어떤 것을 진지하게 생각하다, 깊이 숙고하다, 착념하다, 줄곧 생각하다, 관심을 집중하다."를 뜻하는 헬라어 "프로네오"(phroneo)를 번역한

---

12. G. W. Bromiley, G. Friedrerich, and G. Kittel, eds., *Theological Dictionary of the New Testament* (Grand Rapids: Eerdmans, 1964). Logos e-book. "이 모든 일에 전심전력하여 너의 성숙함을 모든 사람에게 나타나게 하라"는 디모데전서 4장 15절도 "몰입하다"라는 개념과 관계가 있다. 〈킹 제임스 성경〉은 "전심전력하다"를 "묵상하다"로 번역했지만 헬라어 "멜레타오"는 한 단어로 설명하기 어려운 용어다. 이 용어는 생각이 마음을 온전히 지배해 행위와 태도에 영향을 미치게 만들도록 허용한다는 개념을 내포한다.

13. 경건한 사람들이 신중하게 생각하고, 하늘의 일을 묵상한다는 개념이 누가복음의 여러 곳에서 확인된다. 예를 들면 누가복음 2장 37절(안나)과 2장 51절(마리아)이다.

것이다.[14]

기억하기

"기억하다"는 신약 성경에서 사용된 빈도수가 가장 많다는 이유 하나만으로도 신자들에게 묵상을 요구하는 가장 광범위한 명령어로 받아들이기에 충분할 듯하다. 요한계시록 2장 5절은 이런 종류의 묵상이 복음적인 회개의 첫 단계라는 것을 분명하게 보여준다. "그러므로 어디서 떨어졌는지를 생각하고 회개하여 처음 행위를 가지라 만일 그리하지 아니하고 회개하지 아니하면 내가 네게 가서 네 촛대를 그 자리에서 옮기리라."[15] "기억하다"는 "기억을 되살린다"를 뜻하는 헬라어 "므나모네우오"(mnamoneuo)를 번역한 것이다. 이 용어는 어떤 것을 망각했다는 의미보다는 어떤 것을 다시 떠올린다는 의미를 지닌다.[16] 히브리서 저자는 신자들에게 "하나님의 말씀을 너희에게 일러 주고 너희를 인도하던 자들을 생각하며 그들의 행실의 결말을 주의하여 보고 그들의 믿음을 본받으라"(히 13:7)라고 권고했다. 바울도 디모데에게 "다윗의 씨로 죽은 자 가운데서 다시 살아나신 예수 그리스도를 기억하라"(딤후 2:8)고 명령했다. 이렇

---

14. J. P. Louw and E. A. Nida, *Greek-English Lexicon of the New Testament: Based on Semantic Domains*, 2nd ed. (New York: United Bible Societies, 1996), Logos e-book.

15. 엡 2:11, 12; 골 4:18; 살후 2:5도 함께 참조하라.

16. Louw and Nida, *Greek-English Lexicon of the New Testament*.

듯 신약 성경이 가르치는 묵상은 마음을 새롭게 하고, 경건하게 유지하는 데 꼭 필요한 활동이자 기독교적인 인내를 고무하고, 위로를 가져다주는 가장 중요한 수단이다.

성경적인 묵상의 정의: 청교도의 가르침

교회의 역사 속에 나타난 다른 신앙 운동들과는 달리 청교도는 기독교적 묵상에 매우 큰 비중을 두었다. 그들은 깊은 통찰력을 바탕으로 묵상을 명확하게 정의해 발전시켰다. 그들은 새뮤얼 워드가 "제단 숯불"이라는 제목의 설교에서 "이것은 아주 최근에 가르친 기술이기 때문에" 굳이 청중에게 공들여 설명할 필요가 없다고 느낀다고 말했을 정도로 이 주제를 철저하게 다루었다.[17] 그러나 우리는 성경적인 묵상을 잘 이해하지 못하는 시대에 살고 있기 때문에 묵상에 대한 청교도들의 고전적인 정의를 잠시 살펴보는 것이 좋을 듯하다.

청교도의 정의

- 토머스 후커: "묵상은 진리를 찾아내 그것을 심령(heart)에 깊이 간직하려는 진지한 의향이다."[18]

---

17. Samuel Ward, "A Coal from the Altar," in *Sermons and Treatises by Samuel Ward* (1862; repr., Edinburgh: Banner of Truth Trust, 1996), 82.

18. Hooker, *Application of Redemption*, 154.

- 윌리엄 페너: "묵상은 진리를 좀 더 깊이 탐구해 심령에 영향을 주려는 자리잡은 마음(mind)의 활동을 뜻한다. 따라서 묵상의 요소는 네 가지다…1) 마음의 활동…2) 자리잡은 활동…진리를 곰곰이 생각하는 것…3) 진리를 좀 더 깊이 탐구하는 것… 묵상은 진리의 빗장을 풀고, 그 안에 있는 것을 모든 각도에서 칸칸이, 찬찬히 살피는 것을 의미한다…4) 묵상은 심령에 영향을 주려고 힘쓴다."[19]
- 윌리엄 베이츠: "묵상은 실천을 목표로 영적인 것을 생각하고, 관찰하려는 진지한 사고 활동이다."[20]
- 토머스 화이트: "거룩한 묵상이란…하나님의 일들에 대한 진지하고 엄숙한 생각 또는 사고로서, 그것들이 우리에게 얼마나 중요한지를 이해함으로써 우리의 심령 안에 거룩한 감정을 일깨우고, 결심을 다지려는 것을 의미한다."[21] 그는 나중에 생각, 거룩한 감정, 결심이라는 묵상의 세 가지 요소를 설명했다.[22]
- 토머스 왓슨: "묵상이란…하나님의 진리를 기억해 진지하게 생각하고, 우리 자신에게 적용하려는 마음(mind)의 거룩한 활동을 의미한다."[23] "묵상은 영혼이 뒤로 물러나 하나님에 대해

19. William Fenner, *The Use and Benefit of Divine Meditation* (London: Printed by E. T. for John Stafford, 1657), 2–3.

20. Bates, "On Divine Meditation," 3:115.

21. White, *Divine Meditation*, 13.

22. White, *Divine Meditation*, 33–34.

23. Watson, *Heaven Taken by Storm*, 23.

진지하고 엄숙하게 생각함으로써, 심령(heart)이 하늘에 속한 신령한 감정으로 고양되는 것을 가리킨다."[24]

- 존 볼: "묵상은 기독교의 가르침 가운데 일부를 목적을 가지고 열심히, 진지하게 생각함으로써 우리 자신을 하늘나라를 향해 나아가게 만들어 날마다 육신과 세상과 마귀에 맞서 싸울 힘을 기르는 사고 활동을 의미한다."[25]

- 아이작 암브로스: "묵상은 기독교의 가르침 가운데 일부를 깊고, 진지하게 생각함으로써 육신과 세상과 마귀에게 대항할 힘을 얻고, 우리 자신을 하늘나라를 향해 나아가게 만들려는 활동이다. 묵상은 영적인 일에 마음(mind)을 기울여 우리 자신과 함께 그것을 발견하고 어떤 이슈에 그것을 적용하여 열매맺는 것을 말한다."[26]

청교도 묵상: 신령하고, 성경적인 일들로 생각을 채우는 것

청교도 묵상의 첫 번째 요소는 생각을 진지하게 사용하는 것이다. 그들은 성경적인 주제를 깊이 생각하라고 가르쳤다. 리처드 백스터는《성도의 영원한 안식》에서 하나님의 백성이 온종일 경건한 생각

---

24. Watson, *Christian on the Mount*, 25.

25. Ball, *Divine Meditation*, 3.

26. Isaac Ambrose, *Media; The Middle Things Or, The Means, Duties, Ordinances, Both Secret, Private, and Publick* (Glasgow: Printed for Archibald Ingram, 1737), 132.

을 유지하게끔 도우려는 열망을 드러냈다. 에베소서 4장은 "너희는
이방인이 그 마음의 허망한 것으로 행함 같이 행하지 말라…오직
너희의 심령이 새롭게 되어…"(17-24절)라는 말씀으로 점진적인 성화
의 진리를 나타냈다. 바울은 신자들에게 마음을 위한 싸움이 곧 영
적 성장과 승리를 위한 싸움이라고 강조했다. 토머스 가우지는 "혼
자 있을 때는 그릇된 일을 하거나 나태하고 무익하게 행동하지 말
고, 영적이고, 신령한 묵상에 힘써야 한다."라고 조언했다.[27] 하나님
의 백성은 삶의 속도를 늦춰 하나님의 진리를 깊이 생각하는 시간
을 가져야 한다. 제임스 어셔는 이렇게 조언했다.

말씀을 마음에 새길 수 있도록 묵상에 시간을 할애하라…먹은 음
식이 소화되지 않으면 아무런 유익이 없다. 말씀을 통해 변화되려
면 그것을 기억하고, 깊이 생각해 자신의 것으로 만들려고 노력해
야 한다. 음식이 소화되어 뼈와 살이 되는 것처럼 하나님의 말씀도
깊이 생각해 이해해야만 영적 자양분이 될 수 있다.

---

27. Thomas Gouge, "Christian Directions: Shewing How to Walk With God All Day Long," in *The Works of Mr. Thomas Gouge, in Six Parts* (Albany: George Lindsay, 1815), 166.

청교도 묵상: 심령에 영향을 주어 개인적인 적용이라는 목적을 달성하는 것

청교도 묵상은 실천 없는 명상이나 무익한 신학적 사변을 부추기지 않는다. 그런 생각은 청교도의 영성을 심각하게 오해하는 것이다. 청교도가 하나님의 말씀을 올바로 생각하라고 가르친 이유는 개인적인 적용과 실천과 결심을 독려하기 위해서였다. 올리버 헤이우드는 "이것은 단지 선한 일을 생각하고, 기억하는 활동이 아니라 그것을 마음에 새겨 의지와 감정에 영향을 미치는 것을 의미한다. 이것은 단순한 사변이 아닌 실천을 지향한다."라는 말로 묵상과 관련된 생각의 역할을 분명하게 밝혔다.[28] 또한 베이츠는 "묵상이 단지 사변적이라면 따뜻한 열기는 없고 빛만 비추는 겨울철의 태양과 같을 것이다."라고 말했다.[29]

성경적인 묵상의 실천적인 속성에 대한 신념이 청교도의 이해 체계 안에 깊숙이 스며들어 있다. 청교도 목회자들이 남긴 말들을 몇 가지 소개하면 다음과 같다. "거룩한 묵상은 실천적이고 적용적이어야 한다…묵상할 때는 항상 적용을 잊어서는 안 된다."[30] "묵상은 실천으로 귀결되어야 한다. 묵상을 실천하라."[31] "묵상을 통해 영혼

---

28. Oliver Heywood, "Concerning Meditation," in *The Whole Works of the Rev. Oliver Heywood, B.A.* (London: Printed at St. Paul's Church Yard, 1825), 2:248.

29. Bates, "On Divine Meditation," 3:114-5.

30. Calamy, *Divine Meditation*, 108, 187.

의 생각이나 지각을 마음속으로 떠올린 것에 집중시키는 목적은 그 것을 더 잘 이해하고, 더 잘 적용해 사용하기 위해서다."[32] 묵상하는 사람은 "마음을 고무시켜 실천을 지향하는 것"을 목표로 한다.[33]

토머스 맨튼도 다른 많은 청교도처럼 실천을 묵상의 정의 가운데 하나로 제시했다. "묵상은 실천적인 목적과 용도를 위해 영적인 일을 진지하고, 엄숙하게 생각하는 신앙의 의무, 또는 활동을 가리킨다."라고 말했다.[34] 우리의 실천과 행위가 지속적으로 변화되기를 원한다면 하나님의 진리를 묵상하는 것보다 더 좋은 방법은 없다.

---

31. Watson, *Gleanings*, 113.

32. Scudder, *Daily Walk*, 102–3.

33. Greenham, "Grave Counsels and Godly Concerns," 38.

34. Manton, "Sermon Upon Genesis 24:63," 17:270.

4장
때때로 하는 묵상

신자가 마음을 이리저리 분산시키는 다양한 활동을 수행하며 분주하게 살아가는 와중에 주님과 동행하며 영적으로 성장하려면 어떻게 해야 할까? 신자들은 직장이나 학교에 가고, 각종 청구서를 해결하고, 잔디를 깔끔하게 정리하고, 식료품을 구입하고, 집을 청소하고, 자녀들을 양육하고, 건강한 음식을 만들어 먹고, 하나님의 백성들과 교제를 나누어야 한다. 이것은 그들이 감당하는 많은 일 가운데 몇 가지에 지나지 않는다. 특히 오늘날과 같은 현대 사회에서 그런 많은 일을 감당하면서 묵상을 실천하려면 어떻게 해야 할까? 물론 우리는 매일 성경적인 묵상과 기도를 실천할 수 있는 시간을 마련해 두어야 한다. 청교도는 이를 "계획적인 묵상"으로 일컬으며 이것을 더할 나위 없이 중요한 일로 간주했다. 그러나 하루 중 대부분은 성경책을 펼쳐 놓고 공부할 상황이 못 된다. 그렇다면 그런 시간에는 어떻게 은혜 안에서 성장할 수 있을까? 출퇴근할 때나 오랜 시간을 직장에서 일하거나 집안일을 할 때는 어떻게 해야 할까? 그런 때에도 과연 은혜 안에서 성장하는 것이 가능할까?

청교도는 이 문제를 해결하기 위해 모든 일상을 주님과 그분의 진리를 생각하는 기회로 활용하는 것이 중요하다고 가르쳤다. 그들은 심지어 "때때로 하는 묵상"으로 불리는 활동을 위한 성경적인 신학을 구축하기까지 했다. 하나님의 백성은 때와 장소와 상황을 불문하고 언제라도 때때로 하는 묵상을 할 수 있다. 이 묵상은 매일의 경험을 소재로 삼아 그것을 성경의 진리와 비교하거나 대조한다. 존 볼은 이 묵상을 "각자의 소명에 따른 의무를 이행하거나 정당하고, 합법적인 여가 활동을 즐길 때에…유익하고, 선한 것을 진지하게 생각하는 것"으로 묘사했고,[1] 아이작 암브로스는 "하나님의 섭리를 통해 우리의 눈이나 귀나 감각에 와 닿는 것들을 생각하는 것"으로 설명했다.[2] 이것은 "주의 모든 일을 작은 소리로 읊조리며 주의 행사를 낮은 소리로 되뇌이리이다"(시 77:12)라는 말씀과 온전히 일치한다. 때때로 하는 묵상은 큰 기쁨을 가져다준다. 왜냐하면 하나님의 자녀들이 주님과 영적으로 친밀한 교제를 나눌 수 있게 해 주기 때문이다. 하나님의 백성은 이런 묵상을 통해 무가치한 생각이나 악한 상상에 시간을 헛되이 낭비하는 일을 피할 수 있다.

---

1. Ball, *Divine Meditation*, 77-78.

2. Ambrose, *Middle Things*, 132.

때때로 하는 묵상과 계획적인 묵상의 차이

청교도는 때때로 하는 묵상과 계획적인 묵상이라는 두 종류의 묵상이 있다고 가르쳤다. 둘 다 하나님의 진리를 생각하게 만드는 게 목적이지만 전자는 즉흥적이고 후자는 계획적이라는 차이가 있다. 예를 들어 에드먼드 캘러미는 계획적인 묵상은 "하루에 한 시간을 따로 마련해 놓고 골방에 들어가거나 홀로 산책을 하면서 하늘의 일을 의도적으로 진지하게 묵상하는 것"을 의미한다고 말했다.[3] 또한 리처드 백스터는 계획적인 묵상은 "갑작스레 피상적으로 짧게" 이루어지는 묵상과는 달리 "엄숙하고, 체계 있는" 묵상을 가리킨다고 설명했다.[4]

청교도는 계획적인 묵상이 때때로 하는 묵상에 우선한다고 생각했다. 나다나엘 래뉴는 "마음에 영향을 주려면 상당한 양의 시간과 노력과 수고가 필요하기 때문에" 계획적인 묵상이 "정상적인" 묵상에 해당한다고 말했으며, 때때로 하는 묵상은 "하늘의 불로부터 날아와서 갑작스레 심령 안에서 타오르기 시작하는 거룩한 불씨"와 같다고 설명했다.[5] 래뉴는 때때로 하는 묵상이 중요하고, 유익하지만 일부 사람들이 그것을 그보다 더 중요한 활동, 곧 계획적으로 시간을 정해 놓고서 성경을 읽고 묵상하는 일을 회피하는 빌미로 삼

---

3. Calamy, *Divine Meditation*, 22–23.

4. Baxter, *Everlasting Rest*, 552.

5. Ranew, *Solitude Improved*, 18.

을 수 있다는 것을 알았다. 조지 스윈녹은 계획적인 묵상을 무시하고, 그것을 때때로 하는 묵상으로 대체하는 것은 식탁에 앉아서 모든 음식을 즐기지 않고, 단지 약간의 음식을 맛보는 데 그치는 사람과 같다고 말했다.[6]

때때로 하는 묵상의 정의

청교도는 "**일시적인, 갑작스러운, 즉흥적인, 짧은**" 등과 같은 형용사를 사용해 때때로 하는 묵상을 묘사했다. 때때로 하는 묵상은 일상의 일들을 자연스럽게 하나님을 생각하는 기회로 활용해 그분의 위대하심과 영광과 진리를 묵상한다. 윌리엄 베이츠는 "때때로 하는 묵상은 인간이 거하는 집인 이 세상을 하나님의 성전으로 만드는 유익을 가져다준다."라고 말했다.[7] 때때로 하는 묵상을 적극 권장했던 홀은 그것을 "사전에 아무런 계획도 하지 않은 상태에서 마음이 외부의 일들을 접할 때…마음을 어떤 영적 대상에 기울이는 갑작스러운 행동"으로 정의했다.[8] 홀은 자신의 정의에 "인간은 세상이라는 무대에서 피조 세계의 다면적인 본성과 행동을 관조한다…이것이 경건한 시편 저자가 추구했던 묵상이다. 그는 천국의

---

6. George Swinnock, *The Christian Man's Calling*, in *The Works of George Swinnock* (1868; repr., Edinburgh: Banner of Truth Trust, 1992), 2:470.

7. Bates, "On Divine Meditation," 3:119 –20.

8. Hall, *Art of Meditation*, 1.

영광스러운 모습을 바라보는 순간 비천하기 그지없는 인간이라는 피조물을 긍휼로 대하시는 하나님을 경이로워했다."라고 설명을 덧붙였다.[9]

이 묵상은 종종 영적 화학 작용으로 간주되었다. 왜냐하면 속된 것을 신령한 것으로 바꾸어놓기 때문이다. 토머스 보스턴은 때때로 하는 묵상을 염두에 두고 교인들에게 "거룩한 묵상을 사용해서 보거나 듣는 일들을…영적인 용도로 활용하라."고 권고했다.[10] 스윈녹은 때때로 하는 묵상을 "속된 것을 영적으로 승화시키는 것"으로 정의하고, "이 신비를 깨우친 사람은 참된 영적 화학자다…그의 능력은 미다스보다 더 뛰어나다. 그가 만지는 것은 모두 금보다 더 나은 것으로 변한다."라고 덧붙였다.[11] 이처럼 때때로 하는 묵상은 평범한 일상의 경험을 영적으로 관조하는 것을 의미한다. 볼 수 있는 눈만 가지고 있다면 모든 것이 풍성한 영적 교훈을 얻을 수 있는 기회가 된다. 캘러미는 이렇게 설명했다.

때때로 하는 묵상이란 보는 것, 듣는 것, 생각하는 것 등 감각으로 느끼는 것은 무엇이든 그것을 하늘의 것을 생각하는 기회로 활용하는 것을 의미한다…때때로 하는 묵상은 피조 세계를 하나님께로 나아가는 발판, 곧 하늘에 오르는 사다리로 이용하는 것을 말한

---

9. Hall, *Art of Meditation*, 2.

10. Boston, "Duty and Advantage of Solemn Meditation," 4:455.

11. Swinnock, *The Christian Man's Calling*, 2:414 – 15.

다…자연적인 것을 영적으로 승화시킬 수 있는 능력이 바로 그리스도인의 탁월함이다.[12]

때때로 하는 묵상은 일상의 속된 활동을 거룩한 생각으로 바꾸어 삶의 모든 경험을 이용해 영적 열매를 거둔다. 토머스 왓슨은 "삶에서 일어나는 일들 가운데 묵상할 필요가 없는 일은 거의 없다…그리스도인은 거룩한 화학 작용을 통해 눈으로 보는 다양한 속된 대상들로부터 묵상이라는 보화를 추출해 낸다."라고 말했다.[13] 토머스 맨튼은 때때로 하는 묵상에 관해 이렇게 말했다. "영혼은 자기와 관련된 모든 대상을 영적으로 승화시킨다…그리스도인은 물을 포도주로, 청동을 금으로, 속된 일과 대상을 신령하고, 신성한 생각으로 바꾸는 거룩한 화학 기술을 소유하고 있다."[14] 베이츠는 때때로 하는 묵상이 영적 성장을 이루는 뛰어난 방법이라고 강조했다. 그는 "때때로 하는 묵상을 통해 영혼은 모든 대상을 영적으로 승화시키고, 오성은 마치 림벡처럼[15] 경험하는 모든 것들로부터 영혼을 유익하게 하는 것을 추출한다. 이것은 모든 금속을 금으로 바꾸는 것과 같은 영적 화학 작용에 해당한다."라고 말했다.[16] 이처럼 청교도

---

12. Calamy, *Divine Meditation*, 6, 15.

13. Watson, *Christian on the Mount*, 77, 79.

14. Manton, "Sermons Upon Genesis 24:63," 17:267.

15. 증류 과정에 사용되는 도구(증류기).

16. Bates, "On Divine Meditation," 3:116-7.

목회자들은 신자들에게 한 주를 살아가는 동안 때때로 하는 묵상을 통해 영적으로 생각함으로써 영혼을 유익하게 하라고 권고했다. 때때로 하는 묵상은 영적으로 성장하기를 원했지만 요리와 청소와 같은 집안의 허드렛일이나 밀 수확과 같은 생업에 종사해야 했던 일반인들에게 큰 격려가 되었다. 그 덕분에 사람들은 세상에서 속된 일을 하면서도 하늘의 진리를 통해 영적 유익을 얻을 수 있었다.

때때로 하는 묵상을 지지하는 성경적, 신학적 증거

아삽은 시편 77편 12절에서 "또 주의 모든 일을 작은 소리로 읊조리며 주의 행사를 낮은 소리로 되뇌이리이다"라고 말했다. 청교도는 하나님의 말씀과 그분의 행사를 때때로 하는 묵상의 핵심으로 간주했다. 청교도는 "오직 성경으로!"라는 종교개혁의 원리에 충실하면서도 하나님이 다양한 방법으로 자기 백성에게 자신을 계시하셨다고 믿었다. 〈웨스트민스터 신앙고백〉은 "자연의 빛과 창조와 섭리의 사역이 하나님의 선하심과 지혜와 권능을 분명하게 나타낸다."라고 진술했다.[17] 사이먼 챈은 "칼빈의 체계는…때때로 하는 묵상을 위한 토대를 마련했다. 그리스도인이 하나님의 행사를 묵상할 수 있는 근거는 그분이 '자신이 행하시는 개개의 사역에…자신의

---

17. Philip Schaff and David S. Schaff, eds., *The Creeds of Christendom with a History and Critical Notes* (1931; repr., Grand Rapids: Baker, 2007), 3:600.

영광을 보여주는 확실한 증표를 새겨놓으셨다'는 사실에 있다."라고 말했다.[18] 청교도는 하나님이 인간에게 묵상할 수 있는 세 종류의 책(성경, 양심, 피조 세계)을 허락하셨다고 이해했다. 스윈녹은 이렇게 설명했다.

> 하나님은 우리에게 세 종류의 책을 주셨다. 우리는 사는 동안 양심과 성경과 피조 세계라는 책들을 공부해야 한다. 양심의 책을 통해서는 우리 자신에 대해, 피조 세계의 책을 통해서는 하나님에 대해, 성경책을 통해서는 하나님과 우리 자신에 대해 읽는다.[19]

시편 111편 2절은 "여호와께서 행하시는 일들이 크시오니 이를 즐거워하는 자들이 다 기리는도다"라고 말씀한다.

시편과 잠언은 구약 성경 가운데서 신자가 때때로 하는 묵상의 기술을 실천하는 것을 보여주는 가장 좋은 본보기에 해당한다. 스윈녹은 "하늘이 하나님의 영광을 선포하고"(시 19:1)라는 말씀이 때때로 하는 묵상과 관련이 있다고 암시했다. 또한 그는 "주의 손가락으로 만드신 주의 하늘과 주께서 베풀어 두신 달과 별들을 내가 보오니"(시 8:3)라는 다윗의 찬양에 주목했다.[20] 홀은 "이것이 경건한 시편 저자가 추구했던 묵상이다. 그는 천국의 영광스런 모습을 바라

---

18. Chan, "Puritan Meditation Tradition," 22.

19. Swinnock, *The Christian Man's Calling*, 2:417.

보는 순간 비천하기 그지없는 인간이라는 피조물을 긍휼로 대하시는 하나님을 경이로워했다."라고 말했다.[21] 솔로몬도 잠언 6장 6절에서 때때로 하는 묵상을 실천했다. 그는 작은 개미들의 습관을 보고 부지런히 일하는 법을 배우라고 가르쳤다.[22] 홀은 솔로몬의 비유를 염두에 두고 "사람이 눈으로 보는 것을 통해 유익을 얻지 못하면 소경이나 금수와 다를 바 없다."라고 말했다.[23]

신약 성경에도 때때로 하는 묵상을 지지하는 증거가 많다. 청교도는 예수님이 우물가에서 사마리아 여인을 만나셨던 일화가 기록된 요한복음 4장을 종종 언급한다. 그리스도께서는 물리적인 물을 필요로 하는 여인의 상황을 이용해 그녀에게 생명의 물이 더욱 필요하다는 사실을 일깨워 주셨다. 왓슨은 "예수님은 야곱의 우물가에 앉아 그것을 묵상하셨고, 그것을 통해 생명의 물에 관한 가장 탁월한 가르침을 베푸셨다."라고 설명했다.[24] 캘러미는 예수님의 때때로 하는 묵상이 요한복음 6장에 기록된 그분의 긴 설교의 발판이 되었다고 말했다. "그리스도께서는 물리적인 떡을 이용해 생명의 떡,

20. Swinnock, *The Christian Man's Calling*, 2:417. Swinnock also used Psalm 73:23; 139:18; Job 5:9 – 10; and Proverbs 16:15 to illustrate biblical examples of occasional meditations (2:403, 418).

21. Hall, *Art of Meditation*, 2.

22. Hall, *Art of Meditation*, 2; see also Calamy, *Divine Meditation*, 9 – 10, where he shows how the prophet Jeremiah (8:7) used a list of the habits of animals to rebuke the people of God.

23. Hall, *Art of Meditation*, 2.

24. Watson, *Christian on the Mount*, 79.

곧 하늘의 떡을 묵상하셨다."[25] 홀은 마태복음 6장에서도 때때로 하는 묵상이 "구주께서 사람들에게 염려하지 말고 들의 백합화를 보라고 가르치신 계기가 되었다."고 설명했다.[26]

그러나 청교도는 때때로 하는 묵상의 정당성을 확보하기 위해 단지 몇 개의 증거 구절을 제시하는 것으로 그치지 않았다. 그들은 그리스도께서 때때로 하는 묵상을 즐겨 실천하셨다는 사실을 입증하기 위해 그분의 전체적인 교육 방법을 근거로 제시했다. 사실 이것이 예수님이 그토록 유능한 의사 전달자이셨던 주된 이유였다. 그분은 이스라엘 땅에서 흔히 볼 수 있는 것들을 통해 자신에 대한 더 큰 진리를 가르치셨다. 스윈녹은 아래와 같이 설명했다.

복되신 구주께서는 지상의 거울을 통해 하늘의 것을 보고, 피조 세계를 하늘에 오르는 생각의 사다리로 삼으라고 가르치셨다. 그분은 본보기를 보여 자신의 발자취를 따르게 하셨다…그분은 들에서 자라는 백합화와 씨앗들, 과수원의 나무들과 포도나무들, 진주, 보화, 가라지, 누룩, 겨자씨, 물, 떡, 그물, 물고기, 소금, 기름, 등불과 같은 것들을 통해 제자들을 가르치셨다.[27]

맨튼도 때때로 하는 묵상을 위한 성경적인 근거를 제시했다.

---

25. Calamy, *Divine Meditation*, 10–11.
26. Hall, *Art of Meditation*, 2.

하나님은 모형과 의식으로 옛 교회를 훈련하셨다. 평범한 물체를 통해 영적 생각이 고양되게 하셨다. 우리의 주님도 신약 성경에서 사람들 사이에서 이루어지는 평범한 활동과 일들을 비유와 상징으로 삼아 어떤 소명을 받아 무슨 일을 하든지 신령한 생각을 가지고 우리의 속된 일상을 꾸려나가도록 가르치셨다. 가게에서 일하든, 베틀 일을 하든, 들에 있든 우리는 그리스도와 하늘나라를 생각할 수 있다. 값진 진주의 비유, 씨 뿌리는 자의 비유, 달란트 비유 등이 있다. 그리스도께서는 이 모든 비유를 통해 하나님과 하늘나라를 생각해야 한다고 가르치셨다. 이처럼 겨자씨처럼 작은 것으로도 많은 영적 적용이 가능하다.[28]

때때로 하는 묵상의 유익

청교도는 또한 성경적인 묵상에서 비롯하는 많은 유익을 언급했다. 그들은 그것을 풍성한 축복을 얻는 특권으로 생각했다.

---

27. Swinnock, *The Christian Man's Calling*, 2:416–17. He shows how God even reveals Himself to mankind by comparing Himself occasionally to objects that would illustrate some aspects of His being. Cf. Peter Toon, *From Mind to Heart: Christian Meditation Today* (Grand Rapids: Baker, 1987), 45, where Toon shows that Christ's meditating on mundane objects of the world provided for His rich teaching material.

28. Manton, "Sermons Upon Genesis 24:53," 17:267–68.

때때로 하는 묵상은 때와 장소를 가리지 않는다

청교도는 때때로 하는 묵상을 주님을 향한 열정과 분주한 삶의 괴리를 메워주는 수단으로 이용했다. 때때로 하는 묵상의 장점은 때와 상황과 장소와 상관없이 항상 가능하다는 것이다. 스윈녹은 "어떤 장소에서든 이 의무를 실천할 수 있다는 것이 우리의 특권이다. 눈으로 보고, 귀로 듣는 것 가운데 묵상의 소재가 아닌 것은 아무것도 없다."라고 말했다.[29] 이런 점에서 때때로 하는 묵상은 "휴대용 묵상"(portable meditation)으로 간주될 수 있다.[30] 이 세상의 일을 우리의 영혼을 주님께로 들어올리는 기회로 활용할 때마다 때때로 하는 묵상을 실천할 수 있다.

청교도는 일상생활에 매우 충실했기 때문에 때때로 하는 묵상은 일하는 사람들에게 큰 격려와 복을 가져다주었다. 보스턴은 때때로 하는 묵상보다 계획적인 묵상이 더 바람직하다는 점을 인정하면서도 "때로는 세상의 일에 종사하면서 좋은 묵상의 기회를 가질 수 있다."고 조언했다.[31] 일하는 사람은 온종일 책상이나 농장이나 건축 현장에서 일하면서도 영적 성장을 도모할 수 있다. 윌리엄 브리지는 사사기 5장 11절에 기록된 물 긷는 일에 대해 주석하면서 "물을 긷는 장소가 묵상을 하기에 적합하다면, 그릇을 닦는 장소와 개

---

29. Swinnock, *The Christian Man's Calling*, 2:421.

30. Chan, "Puritan Meditative Tradition," 115.

31. Boston, "Duty and Advantage of Solemn Meditation," 4:455.

집을 청소하는 장소도 그러하다."라고 말했다.[32] 또한 그는 "이것이
밖에 나가 세상의 일을 할 때 우리의 마음을 향기롭고, 신령하게 유
지시켜 줄 것이다."라고 말했다.[33] 캘러미의 생각도 마찬가지였다.

묵상은 아무 때나 할 수 있다…평일에 진지하게 묵상할 시간이 없
는 가난한 사람이나 진지하고, 계획적인 묵상을 할 여유가 없는 노
동자일지라도 갑작스럽고, 일시적이고, 때때로 하는 묵상을 얼마든
지 활용할 수 있다. 심지어는 일을 하는 도중에도 마음으로 하늘의
것을 생각할 수 있다.[34]

**때때로 하는 묵상은 매일의 영적 성장과 경건한 생각을 독려하는 계획
으로 활용될 수 있다**

때때로 하는 묵상은 하나님의 말씀을 계획적으로 묵상하는 것
을 대체할 수는 없지만 신자들에게 위의 것을 생각하는 법을 가르
친다. 토머스 가우지는 때때로 하는 묵상은 "보거나 듣는 것을 통해
갑작스레 유익한 주제를 생각하는 것을 가리킨다…그것은 우리의
마음으로부터 속되고, 방탕한 생각과 나태한 성향을 제거하는 특별
한 수단이다."라고 말했다.[35]

---

32. Bridge, "The Work and Way of Meditation," 3:148.

33. Bridge, "The Sweetness and Profitableness of Divine Meditation," 3:133.

34. Calamy, *Divine Meditation*, 13.

35. Gouge, *Christian Directions*, 166.

신자는 때때로 하는 묵상을 통해 빌립보서 4장 8절이 명령하는 생각들을 마음에 채울 수 있다. 청교도는 공허하고, 나태한 마음에는 그릇된 생각이 들어찰 가능성이 높다는 것을 이해했다. 따라서 그들은 때때로 하는 묵상을 온종일 경건한 생각을 유지하는 수단으로 제시했다. 때때로 하는 묵상은 그릇되거나 우울한 생각으로 치우치려는 유혹을 피할 수 있게 도와주는 거룩한 계획으로 활용될 수 있다. 청교도는 육신적이거나 부정적인 생각에 치우치지 않고, 영적인 생각을 하기 위해 이 경건한 계획을 고안했다. 헨리 스쿠더는 공허한 생각의 위험성을 아래와 같이 설명했다.

혼자 있을 때는 소명을 행하거나 성경을 읽거나 거룩한 묵상이나 기도로 선한 일을 익히려고 노력해야 한다. 왜냐하면 사탄이 우리가 빈둥거리는 것을 보면 그 기회를 놓치지 않고 우리를 자신의 도구로 삼아 자기의 일을 하게 만들 것이기 때문이다(마 12:44).[36]

베이츠는 이것은 "우리의 삶 중에서 가장 악한 요소를 치유하는 수단이다. 인간의 삶 중에서 가장 악한 요소는 헛된 생각이다."라고 말했다.[37] 청교도는 신자가 온종일 자신의 생각으로 무엇을 할 것인지를 계획하지 않으면 실패할 수밖에 없다는 사실을 이해했다. 리

---

36. Scudder, *Daily Walk*, 97.
37. Bates, "On Divine Meditation," 3:119.

처드 그린햄은 생각이 영적 실패를 초래하도록 허용하지 말고, "묵상을 통해 우리 자신을 하나님의 심판대 앞에 세워 우리가 배운 진리를 실천하고 있는가를 마음속으로 진지하게 살펴봐야 한다."고 조언했다.[38] 올리버 헤이우드는 때때로 하는 묵상이 무엇인지를 자세하고, 생생하게 묘사했다. 그는 신자는 잠에서 깨었을 때, 옷을 입을 때, 아침 하늘을 바라볼 때, 집을 나설 때, 여행할 때, 음식을 먹을 때, 지인들과 헤어질 때는 물론 심지어는 별들을 볼 때도 묵상해야 한다고 말했다.[39]

청교도는 개인적인 죄와 불신앙을 상대로 한 치열한 싸움에서 승리하려면 때때로 하는 묵상이 반드시 필요하다고 생각했다. 때때로 하는 묵상은 투구를 잘 쓰고, 칼과 방패를 단단하게 쥐고 있는 병사와 같다. 브리지는 하나님의 섭리를 통해 일어나는 일들을 항상 묵상하는 것이 중요하다고 강조하면서 "하나님의 특별한 섭리를 묵상하면 불신앙을 극복하는 데 도움이 된다."고 덧붙였다. 그러나 때때로 하는 묵상은 단지 원수의 공격으로부터 우리를 보호하는 것으로 그치지 않고, 하나님께 대한 믿음과 순종을 적극적으로 독려한다. 베이츠는 때때로 하는 묵상의 영적 유익을 언급하면서 "하나님께 더욱 힘써 순종하도록 이끄는 것"이 그 가장 큰 유익이라고 설명했다.[40] 때때로 하는 묵상은 악한 생각이나 걱정근심으로 낙심한 채

---

38. Greenham, "Grave Counsels and Godly Concerns," 38.

39. Heywood, "Concerning Meditation," 2:268–76.

40. Bates, "On Divine Meditation," 3:119.

하루하루를 마감하지 않고, 영적 성장과 성공을 이루어 나가도록 돕는 효과적인 수단이다.

때때로 하는 묵상은 평범한 일상의 일을 통해 영적 진리를 생각하게 한다

하나님은 우리가 볼 수 있는 눈만 가지고 있다면 얼마든지 삶을 통해 영적 성장에 필요한 영적 교훈을 많이 깨달을 수 있도록 배려하셨다. 청교도는 이것을 하나님의 섭리를 믿는 믿음으로 간주했다. 스윈녹은 하나님이 지으신 피조물을 통해 영적 성장에 필요한 진리를 얻는 법을 배운 사람은 "미다스보다 더 뛰어나다. 그가 만지는 것은 모두 금보다 더 나은 것으로 변한다."라고 말했다.[41] 리처드 백스터는 이것을 "감각의 대상들과 시각의 대상들을 비교하는 것"으로 간주했다.[42] 헨리 스쿠걸과 조셉 홀과 같은 다른 청교도 목회자들은 많은 사례를 들어 평범한 일들을 통해 영적 진리를 생각하는 방법을 구체적으로 예시했다. 예를 들어 윌리엄 스퍼스토우는 묵상을 다룬《영적 화학자》라는 책에서 자신이 실천한 60가지의 때때로 하는 묵상을 소개했다. 그는 은하계, 불에 탄 건물, 혈액의 순환, 벌집을 영적으로 묵상했다.[43] 그는 삶의 모든 것을 통해 영혼을 유익하게 하는 영적 진리를 깨닫는 법을 터득했다. 청교도 목회자들이 강단에서 생생하고, 다채로운 표현을 사용해 전하려는 요점을 구체

---

41. Swinnock, *The Christian Man's Calling*, 2:415.

42. Baxter, *Everlasting Rest*, 601.

43. Cf. Spurstowe, *Spiritual Chemist*.

적으로 설명하는 능력이 탁월했던 이유는 그들이 그런 식의 생각을 자주했기 때문이다. 어떻게 조나단 에드워즈는 정죄 아래 있는 죄인이 불 위에 있는 거미와 같다고 생각할 수 있었을까? 어떻게 청교도의 후예인 찰스 스펄전은 설교를 시각적으로 생생하게 떠올리게 만드는 표현력을 지닐 수 있었을까? 어떻게 존 번연은《천로역정》이라는 유명한 책에서 그토록 놀라운 비유법을 구사할 수 있었을까? 그것은 모두 그들이 때때로 하는 묵상에 정통했기 때문이다. 그러나 이것은 단지 청교도 목회자들에게만 국한되지 않았다. 평신도인 앤 브래드스트리트는 시와 때때로 하는 묵상을 결합해 아름다운 시를 창작했다.[44] 이처럼 청교도는 눈을 감고 삶을 아무렇게나 살아가지 않고, 눈을 크게 뜨고 모든 것을 깊이 생각하며 살았다. 그들은 하나님의 섭리를 통해 배울 수 있는 영적 교훈들을 기꺼운 마음으로 부지런히 찾았다.

때때로 하는 묵상을 할 때 주의해야 할 점

때때로 하는 묵상에는 상당한 잠재적인 위험이 뒤따른다. 구체적으로 말해 생각이 하나님의 기록된 진리에 안전하게 닻을 내린 상태에서 벗어나 그릇된 방향으로 치우치는 일이 발생할 수 있다. 그런

---

44. 다음 자료를 참조하라. D. Hall, ed., *Puritans in the New World: A Critical Anthology* (Princeton: Princeton University Press 2004), 188-90. 브래드스트리트는 새들의 둥지에 빗대어 자신의 여덟 자녀에 대한 시를 썼다.

일이 발생하면 종교적인 신비주의의 수렁 속으로 빠져들기 쉽다.[45]

교회사를 돌아보면 특히 영지주의자들과 로마 가톨릭교회의 신비주의자들과[46] 광신적인 재세례파 신자들을[47] 통해 그런 일들이 실제로 일어났던 것을 알 수 있다. 앤 허치슨과 청교도의 싸움에서도 그런 문제가 불거졌고, 좀 더 최근에는 현대 은사주의 운동을 통해 또 다시 재현되었다. 백스터의 말대로 "마음은 그릇 치우치려는 성향이 있기" 때문에[48] 인간은 항상 하나님이 계시하기를 기뻐하신 것보다 그분의 뜻을 더 많이 알려는 그릇된 욕망을 느낀다.

청교도는 때때로 하는 묵상이 신비주의로 타락하는 것을 막으려고 애썼다. 그들은 기록된 하나님의 말씀이 항상 개인의 생각과 추론을 지배해야 한다고 가르쳤다.[49] 때때로 하는 묵상은 성경의 충족성을 훼손하지 않고, 하나님의 행사가 성경의 진리를 어떻게 구체적으로 예시하는지를 파악함으로써 기록된 말씀을 더 잘 이해하는 데 초점을 맞춘다. 때때로 하는 묵상을 가장 적극적으로 옹호한 사람 가운데 하나인 홀은 그 위험성을 누구보다도 길게 다루었다. 그는 "때때로 하는 묵상을 할 때 주의해야 할 점"이라는 제목의 글에

---

45. 신비주의는 성령께서 기록된 하나님의 말씀을 수단으로 사용하지 않고, 인간의 지성을 무시한 채 감정에 직접 역사하신다고 가르친다.

46. 다음 자료를 참조하라.

47. 다음 자료를 참조하라.

48. Baxter, *Everlasting Rest*, 615.

49. 다음 자료를 참조하라. Joel R. Beeke, *Puritan Spirituality: A Practical Study from Our Reformed and Puritan Heritage* (Webster, N.Y.: Evangelical Press, 2006). 비키는 76쪽에서 "인간의 상상력은 성경에 의해 통제되어야 한다."라고 말했다.

서[50] 이렇게 말했다.

우리의 묵상이 너무 억지스럽지 않도록, 즉 너무 미신적인 느낌이 들지 않도록 주의해야 한다…우리에게 금지된 것을 묵상의 근거로 삼거나 우리 자신이 고안한 것으로 그 한계를 넘어서면 미신으로 치우칠 수밖에 없다. 왜냐하면 우리 멋대로 그것을 하나님께로 향하는 발판이자 그분을 예배하는 요소로 삼는 결과를 초래하기 때문이다. 둘 중에 어떤 경우가 되었든 그런 일이 발생하면 우리의 묵상이 그릇 변질되어 영혼을 위험하게 만든다.[51]

청교도는 기록된 하나님의 말씀을 모든 묵상의 토대로 삼았다. 이것이 그린햄이 "묵상의 규칙"이라는 글에서 "말씀을 묵상의 대상으로 삼고, 거기에 인간의 생각을 뒤섞지 않도록 주의하라."고 말한 이유다.[52] 맨튼도 "하나님이 계시하신 이상의 것을 알려고 하지 말라. 스스로의 생각이 말씀의 한계를 벗어나지 않게 하라. 광적인 생각은 묵상을 남용하기 쉽다. 인간은 일단 생각을 하게 되면 상상의 나래를 너무 넓게 펼치는 탓에 육신적인 생각이 크게 부풀어 올라 스스로가 보지 못하는 일들을 주제넘게 넘보는 경향이 있다."라고

50. Hall, *Art of Meditation*, 3.

51. Hall, *Art of Meditation*, 3.

52. Greenham, "Grave Counsels and Godly Concerns," 40.

주의를 당부했다.[53]

따라서 때때로 하는 묵상을 안전하게 실천하려면 성경을 규칙적
으로 암기해야 할 필요가 있다. 성경을 암기하면 하루 내내 하나님
의 말씀을 생각하고 다른 대상과 비교할 수 있다. 베이츠는 "우리의
영혼 안에 영적 진리를 가득 쌓아두자…영혼 안에 있는 진리는 금
광석 안에 있는 금과 같다. 묵상은 금과 같은 진리를 추출해 거룩한
대화와 경건한 행위를 통해 표출한다…무지는 영혼을 궁핍하게 만
들고, 묵상의 의무를 아무 유익도 없게 만든다."라고 말했다.[54]

53. Manton, "Sermons Upon Genesis 24:63," 17:278.

54. Bates, "On Divine Meditation," 3:137.

5장
계획적인 묵상

앞장에서 밝힌 대로 청교도는 계획적인 묵상이 때때로 하는 묵상보다 더 중요하다고 생각했다.[1] 신자가 하나님의 말씀을 생각하지 않고 하루를 시작한다면 어떻게 온종일 진리를 생각하며 살아갈 수 있겠는가? 조지 스윈녹은 "때때로 하는 묵상은 우리를 잠시 방문했다가 가버리는 사랑스러운 손님과 같고, 계획적인 묵상은 우리와 함께 거하면서 오래도록 우리를 유익하게 하는 동거인과 같다."라고 말했다.[2]

---

1. 계획적인 묵상은 매일의 묵상, 고정된 묵상, 세팅된 묵상, 엄숙한 묵상, 진지한 묵상으로 일컬어지기도 한다.
2. Swinnock, *The Christian Man's Calling*, 2:424 – 25.

계획적인 묵상이란 무엇인가

계획적인 묵상이란 아침 시간처럼 특정한 시간을 따로 정해 놓고 매일 주님을 묵상하는 것을 의미한다. 에드먼드 캘러미는 "하루에 한 시간을 따로 정해 놓고 골방에 들어가거나 홀로 산책을 하면서 하늘의 일을 의도적으로 진지하게 묵상하는 것"이 계획적인 묵상이라고 설명했다.[3] 토머스 화이트는 진지한 묵상은 설교, 섭리, 실천적인 진리, 성경에 대한 묵상 등, 네 종류가 있다고 말했다.[4] 토머스 가우지는 "계획적으로 정해서 하는 묵상은 마음을 어떤 영적인 주제에 기울여서, 심령이 뜨거워지고, 감정이 활기를 띠고, 죄를 미워하고 하나님을 더욱 사랑하겠다는 결심이 군세어질 때까지 그것에 대해 자기 자신과 대화를 나누는 것을 의미한다."라고 말했다.[5] 스윈녹도 그와 비슷하게 "엄숙한 묵상은 감정이 뜨거워져 활기를 띠고, 그로 인해 악한 것을 멀리하고, 선한 것을 좇겠다는 결심이 강화되어 군세어질 때까지 거룩한 주제에 마음을 기울여 생각하는 것을 가리킨다."라고 말했다.[6] 이처럼 계획적인 묵상은 매일 개인적으로 경건의 시간을 가질 때 반드시 해야 할 중요한 활동에 해당한다.

계획적인 묵상의 중요한 특징은 말 그대로 계획적인 활동이라는

---

3. Calamy, *Divine Meditation*, 22 – 23.

4. White, *Divine Meditation*, 17 – 20.

5. Gouge, *Christian Directions*, 167.

6. Swinnock, *The Christian Man's Calling*, 2:425.

것이다. 토머스 보스턴은 계획적인 묵상은 "심령을 좀 더 나아지게 만들기 위해 영혼이 어떤 영적인 것을 생각하는 것"이라고 말했다.[7] 아이작 암브로스는 계획적인 묵상이 필요한 이유는 "의도적으로 사람들을 잠시 멀리하고, (때때로 하는 묵상보다) 좀 더 철저하게 묵상에 몰두하기 위해서다."라고 말했다.[8] 뉴잉글랜드 청교도 토머스 후커는 두 가지 비유를 사용해 "진지한 묵상"을 설명했다. 구체적으로 말해 그는 먼저 "금장색이 금속을 달궈 망치로 이쪽저쪽을 두들기며 그 양쪽에 자기가 생각한 모양을 새기는 것처럼 묵상은 제기된 요점이나 진리를 마음에 깊이 새기는 활동이다."라고 말하고 나서 또 다른 비유를 들어 "식사를 할 때 서둘러 음식을 먹어치우는 것과 요리를 해서 모든 음식을 다 장만할 때까지 의도적으로 기다렸다가 골고루 충분히 섭취하는 것은 서로 큰 차이가 있다. 그와 마찬가지로 진리도 한 번 흘끗 훑어보고 지나치는 것이 아니라 공들여 깊이 생각하는 것이 필요하다."라고 계획적인 묵상에 대해 좀 더 긴 설명을 덧붙였다.[9] 때때로 하는 묵상을 통해 깨달은 것을 공유한 청교도가 많았던 것처럼 계획적인 묵상을 통해 배운 교훈을 공유한 청교도도 적지 않았다. 예를 들어 리처드 십스는 338개의 개인적인 묵상을

---

7. Boston, "Duty and Advantage of Solemn Meditation," 4:454.

8. Ambrose, *Middle Things*, 132.

9. Hooker, *Application of Redemption*, 155. "서둘러 음식을 먹어치운다"는 표현은 식사를 제대로 하지 않고 간단히 때우는 것을 의미한다.

통해 깨달은 감동적인 교훈을 글로 써서 독자들을 유익하게 했다.[10] 진실로 계획적인 묵상은 경건한 사람의 사고와 실천을 뒷받침하는 굳건한 토대가 아닐 수 없다.

직접적인 묵상(direct meditation)

아울러 청교도는 계획적인 묵상을 직접적인 묵상과 반추적인 묵상이라는 두 가지 범주로 나누었다. 직접적인 묵상은 어떤 주제를 성경에 입각해 더 잘 이해하고자 할 때 사용되고, 반추적인 묵상은 심령을 움직여 새로 깨달은 것을 적용하고자 할 때 사용된다. 헨리 스쿠더는 "첫 번째 것(직접적인 묵상)은 이해하기 위한 사고 활동이고, 두 번째 것(반추적인 묵상)은 양심의 활동이다. 전자의 목적은 지식으로 마음(mind)을 조명하는 것이고, 후자의 목적은 선으로 심령(heart)을 채우는 것이다."라고 설명했다.[11] 여호수아서 1장 8절("이 율법책을 네 입에서 떠나지 말게 하며 주야로 그것을 묵상하여 그 안에 기록된 대로 다 지켜 행하라 그리하면 네 길이 평탄하게 될 것이며 네가 형통하리라")은 직접적인 묵상을 가르친다. 이 구절은 하나님의 말씀이나 위대한 진리와 같이 자신의 외부에 있는 것을 묵상하는 데 생각을 온전히 집중하는 것을 묘사한다. 이 묵상은 신자가 올바른 도덕적 선택을 해 나가도록 이끈다. 윌

---

10. Sibbes, "Divine Meditations and Holy Contemplations," 7:185–228.

11. Scudder, *Daily Walk*, 103.

리엄 베이츠는 직접적인 묵상이란 "어떤 진리에 오성을 집중시켜 스스로에게 적절하다고 생각되는 유익한 교훈을 끄집어내는 것"을 의미한다고 말하고 나서 "'(율법이) 너와 더불어 말하리니'(잠 6:22)라는 말씀대로 이 묵상은 삶의 방향을 결정해 나가는 법을 일깨워 준다." 라고 덧붙였다.[12] 직접적인 묵상은 말씀에 생각을 집중시켜 하나님의 진리를 묵상하게 함으로써 삶의 방향을 밝혀주고, 우둔한 사람을 지혜롭게 만든다. 윌리엄 거널은 "진리의 초월적인 탁월함을 많이 묵상하라."라고 조언했다.[13]

반추적인 묵상(reflective meditation)

성경 공부를 잘하는 신자들은 많지만 그 진리를 실천하는 데 능숙한 신자들은 그다지 많지 않다. 반추적인 묵상은 "내가 깨달은 이 진리를 개인적으로 어떻게 적용해야 하는가?"라는 질문을 생각하게 함으로써 이 유감스러운 문제를 해결하도록 도와준다. 토머스 맨튼은 "공부의 목적은 진리를 깨달아 간직하는 것이고, 묵상의 목적은 그것을 실천에 옮기는 것이다."라고 적절하게 말했다.[14] 제임스 어셔는 반추적인 묵상이란 심령과 감정을 주의 깊게 점검하는

---

12. Bates, "On Divine Meditation," 3:120.

13. William Gurnall, *The Christian in Complete Armour: A Treatise of the Saints' War Against the Devil* (Edinburgh: Banner of Truth Trust, 1995), 314.

14. Manton, "Sermons Upon Genesis 24:53," 17:269.

것을 의미한다고 말했다. 그는 전형적인 청교도의 방식으로 실천의 방법을 독려했다. 그는 심령을 하나님께로 향하게 하는 법, 심령이 갈망해야 할 것, 악한 생각의 위험성, 말의 사용, 행위와 태도 등을 신자가 묵상해야 할 일로 제시했다.[15] 스윈녹은 반추적인 묵상을 스스로의 영혼을 향해 자기 성찰적인 질문을 던지는 것으로 이해했다. "받은 은혜가 많으니 날마다 우리 자신을 면밀하게 살피자. 우리 자신에게 '내가 하나님께 얼마나 많은 은혜를 입고 있는가?'라고 묻자…그러면 영혼이 진정 어린 감사를 드리는 데 민활해지고, 다윗처럼 '내게 주신 모든 은혜를 내가 여호와께 무엇으로 보답할까'(시 116:12)라고 묻지 않을 수 없게 될 것이다."[16] 리처드 그린햄은 이렇게 말했다.

지금까지 진리를 들었으니 이제 우리 자신을 하나님의 심판대 앞에 세워 우리가 배운 진리를 실천하고 있는지를 마음속으로 진지하게 살펴봐야 한다. 또한 우리 자신의 심령을 아무런 가식 없이 하나님 앞에 적나라하게 내보이고, 부족한 것이 조금이라도 있거든 스스로를 질책하며 은혜를 간구하고, 자책감을 느끼게 만드는 죄를 고백하며 용서를 갈구해야 한다.[17]

---

15. Ussher, *Meditation*, 71 –92.

16. Swinnock, *The Christian Man's Calling*, 3:144 –45.

17. Greenham, "Grave Counsels and Godly Concerns," 38.

묵상의 용도와 유익에 관한 윌리엄 페너의 두 번째 설교는 본질적으로 반추적인 묵상을 다룬다. 그는 "묵상으로 심령을 성찰하는 방법"을 설명하면서[18] 네 가지 요점을 제시했다. 첫째로는 "자신의 심령 안에 있는 이 모든 것을 깊이 숙고하고, 살펴라."라고 조언했고, 둘째로는 "죄를 철저하게 파헤쳐 적나라하게 드러내 살펴라. 죄는 즐거움과 이익과 편안함을 비롯해 여러 가지 음란한 허울로 스스로를 가려 위장함으로써 심령을 미혹한다."라고 권고했으며, 셋째로는 "자신의 영혼과 심령속으로 깊숙이 뚫고 들어가라. 심령에는 억센 굳은살이 붙어 있는 탓에 스스로의 죄에 대한 감각이 없다."라고 당부했고, 마지막으로는 "미리 자신의 심령을 예측해 예방하라. 심령이 겸손해지지 않으면 언젠가 어떤 욕망을 내비칠 것인지를 생각해 보라."라고 충고했다.[19]

화이트는 이런 묵상이 그리스도인의 결심과 맹세를 강화하는 토대가 된다고 말했다. "결심을 굳세고, 강하게 하라…확고한 의지와 결의가 필요하다…나중에 어떻게 하겠다고 하지 말고 지금 결심하라…단지 죄뿐만이 아니라 죄의 수단과 기회와 유혹을 모두 거부하겠다고 다짐하라."[20] 오늘날 죄를 단호하게 거부하겠다고 결심하는 신자들이 이토록 적은 이유는 반추적인 묵상을 하지 않기 때문

---

18. His text was Haggai 1:5, "Now therefore, thus saith the LORD of hosts, 'Consider your ways!'"

19. Fenner, *Divine Meditation*, 15 – 18.

20. White, *Divine Meditation*, 53 – 55.

이다. 개인적인 죄나 문화적인 죄를 거부하겠다는 그들의 결심이 순간순간 크게 흔들리는 것처럼 보이는 이유도 아마 그 때문일 것이다.

반추적인 묵상은 별로 인기가 없다. 왜냐하면 종종 개인적인 고통을 유발하기 때문이다. 맨튼은 "너희는 떨며 범죄하지 말지어다 자리에 누워 심중에 말하고 잠잠할지어다"(시 4:4)라는 말씀이 이 점을 잘 보여준다고 말했다. 그는 "묵상의 모든 요소 가운데서 이것이 가장 힘들다. 왜냐하면 묵상하는 동안 스스로를 위한 비판자와 심판자가 되어 자기 영혼을 다스려야 하고, 육신적인 편안함과 자기애를 물리쳐야 하기 때문이다."라고 설명했다.[21] 그러나 거룩한 진리를 주의 깊게 생각하고 나서 우리의 생각이 깨달음을 얻어 하나님을 알게 되면 반추적인 묵상을 통해 "우리 자신과 우리의 행위에 유익하고, 올바른 적용을 시도함으로써…우리 자신이 진리에 못 미치는지, 또 거기에서 벗어나 있지는 않은지 살펴야 한다."[22] 베이츠는 "이것은 인간의 영혼과 그 자신과의 진지한 대화요…인간의 마음과 그 자신과의 내적 협의로…스스로의 영원한 상태에 관한 실질적인 문제들을 제기한다."라고 말했다.[23] 스쿠더는 반추적인 묵상은 "영혼의 모든 기능과 오성과 의지와 감정 등, 전인을 개혁해 규칙, 곧 하나님의 뜻에 자신을 일치시키라고 명령하고, 설득하는 활동이

---

21. Manton, "Sermons Upon Genesis 24:53," 17:268.

22. Manton, "Sermons Upon Genesis 24:53," 17:268.

23. Bates, "On Divine Meditation," 3:120.

다."라고 가르쳤다.[24] 이처럼 신자는 직접적인 묵상을 통해 하나님
의 보배로운 진리들을 깨우치고, 반추적인 묵상을 통해 개인적이고,
실천적인 방식으로 그것을 자신의 영혼에 직접 적용해야 한다.

24. Scudder, *Daily Walk*, 103.

6장
묵상의 실천

———

어떤 일을 하라는 말만 하고 그것을 실제로 하는 방법을 설명해 주
지 않는 것보다 더 실망스러운 일은 없다. 다행히도 청교도는 묵상
의 "실천 방법"을 우리의 상상에 맡기지 않았다. 그렇다면 청교도
가 묵상의 실천 방법까지 그토록 세밀하게 가르친 것은 정당한 일
이었을까? 세세한 방법은 개인에게 맡기는 것이 옳지 않았을까?
우리는 묵상에 관한 청교도의 자세한 가르침을 과연 어떻게 받아
들여야 할까?

첫째, 청교도는 교인들이 개인적인 사고 활동을 할 때 이론에서
현실로 나아가는 방법을 이해할 수 있기를 바랐다. 실천적인 적용
에 초점을 맞추는 것이 청교도 설교의 유익한 특징이다. 그들의 다
른 모든 경험의 영역에도 실천적인 적용을 강조하는 경향이 짙게

배어 있다. 둘째. 성경은 묵상하는 방법을 자세하게 가르치지 않지만 청교도는 긴 설명을 덧붙이는 것이 정당하다고 믿었다. 그들의 신념은 특정한 개인들이 규칙적으로 묵상을 실천했다는 성경의 기록에 근거했다. 청교도는 이삭, 다윗, 마리아와 같은 경건한 인물들이 묵상을 실천하는 방법을 알고 있었을 것이 분명하다고 추론했다. 청교도 묵상을 주제로 박사 논문을 쓴 사이먼 챈은 칼빈이 성경적인 묵상의 중요성을 강조했지만 "묵상을 실천하는 방법을 구체적으로 마련하지는 않았다. 그 방법을 개발하는 일은 그의 청교도 후예들의 몫으로 남겨졌다."라고 말했다.[1] 마지막으로 청교도는 경건한 묵상의 다면적인 성격을 스스로를 정당화하는 근거로 삼았다. 묵상은 단지 마음(mind)만이 아니라 감정과 의지를 모두 다룬다. 앞서 말한 대로 캘러미는 묵상이 효과적이려면 세 개의 문, 곧 이해의 문, 심령(heart)의 문, 행동의 문을 통과해야 한다고 말했다. 이처럼 청교도는 특정한 묵상의 "단계들"을 가르쳤다. 그 이유는 그들이 한 개인이 하나님과 맺는 심령의 관계에 대해 지나치게 엄격하려는 것이 아니었다. 존 볼은 청교도가 "처음에는 우리의 판단력으로 지식을 이해하고, 그런 다음에는 적용을 통해 지식이 심령에 영향을 미치게 해야 한다…이해가 없는 감정은 맹목적이고, 무절제하다."라는 신념을 지니고 있었다고 설명했다.[2]

---

1. Chan, "Puritan Meditative Tradition," 23.
2. Ball, *Divine Meditation*, 130.

청교도는 묵상을 합당하게 행하기 위한 규칙과 단계를 규정했지만 성경적인 균형과 유연성과 하나님의 성령을 의존하는 태도를 유지했다.[3] 묵상에 대한 그들의 견해는 생명력이 없는 죽은 행동주의와는 거리가 멀었다. 그들은 주님의 사역에 기꺼이 의지하며 그분을 구하려고 노력했다. 토머스 보스턴은 "엄숙한 묵상에 대해"라는 설교에서 "우리가 얻고 싶은 것을 스스로 얻을 능력이 없다는 것을 인정하고, 우리 안에서 주님이 사역이 이루어지기를 간구하자."라고 조언했다.[4] 더욱이 청교도가 묵상하는 방법을 자세하게 가르친 이유는 신자들의 성공을 돕기 위해서였다. 청교도 목회자들이 교인들이 묵상의 기술에 정통하기를 바랐던 이유는 무엇일까? 볼은 "묵상을 없애면 종교의 의무들이 생명과 활력을 잃게 될 것이다."라는 말로 묵상의 중요성을 설명했다.[5] 스티븐 차녹은 "기도의 기쁨"이라는 설교에서 하나님의 성령께서 신자가 기도와 성경 읽기와 묵상의 의무를 실천할 때 기쁨을 허락하신다고 말했다. "우리 자신의 화로에는 기쁨을 불길처럼 치솟게 만들어 줄 불씨가 없다. 우리의 감정에 그런 하늘의 열기를 불어넣으시는 분은 바로 성령이시다."[6]

---

3. 다음 자료를 참조하라. Yuille, *Puritan Spirituality: The Fear of God in the Spirituality of George Swinnock* (Eugene, Ore.: Wipf and Stock, 2007), 209-11. 율리는 청교도 묵상의 대부분이 종교적 활동과 관련된 성령의 사역을 적절하게 강조하지 않은 "금욕적인 경건"으로 이해될 수 있다는 사이먼 챈의 말에 동의하지 않았다.

4. Boston, "Duty and Advantage of Solemn Meditation," 4:456.

5. Ball, *Divine Meditation*, 43.

6. Stephen Charnock, "Delight in Prayer," in *The Complete Works of Stephen Charnock* (1866; repr., Edinburgh: Banner of Truth Trust, 1997), 5:375.

아마도 묵상의 구조와 성령의 인도하심의 관계를 가장 균형 있게 표현한 사람은 빌헬무스 아 브라켈일 것이다. 그는 "나는 규칙을 정하고 싶지 않다. 묵상을 시작하면 각자 스스로 무엇이 자기에게 가장 좋은 방법인지 알게 될 것이다. 다만 자신을 온전히 분리시켜 그 시간에는 다른 것은 절대로 생각하지 않겠다는 마음과 의도로 실행하면 된다. 기도로 마음을 열고 성령을 받아들여 소생시키는 은혜와 인도하심을 구하라."라고 말했다.[7]

하루 중 묵상하기에 가장 좋은 시간

리처드 백스터는 신자가 영적 활동을 하기에 가장 좋은 시간을 스스로 결정하는 것이 필요하다고 말했다. 그는 "시간을 정해 놓으면 의무를 간과하게 만드는 많은 유혹으로부터 의무를 지키는 방지책을 마련할 수 있다."고 설명했다.[8] 정직한 사람이면 누구나 계획하지 않은 것은 실행하기 어렵다는 점을 솔직히 인정할 것이다. 더욱이 우리는 기질이 저마다 다르다. 저녁에는 활력이 넘치지만 아침에는 죽은 듯 활력이 없는 사람들도 있고, 그와 정반대인 사람들도 있다. 청교도는 묵상의 시간을 엄격하게 규정하지 않고, 신자 개개인이 자기에게 가장 효과적인 시간을 선택해 일관되게 유지해 나가

---

7. a Brakel, "Spiritual Meditation," 4:30.

8. Baxter, *Everlasting Rest*, 555.

라고 권고했다. 가장 정신이 맑고, 활력이 넘치는 시간이 가장 좋은 묵상의 시간이다. 조셉 홀은 "특정한 시간을 모두에게 적용할 수는 없다. 왜냐하면 인간의 성향은 서로 다르기 때문에 다양한 시간 가운데서 하나만을 선택하는 것에 찬동하지 않을 것이 분명하고, 하나님도 시간에 전혀 구애받지 않으시기 때문이다."라고 지혜롭게 조언했다.[9]

묵상하기에 가장 좋은 시간에 대한 의견이 매우 다양했기 때문에 토머스 맨튼은 그것을 자유재량의 문제로 결론지었다.[10] 아침이나 저녁 시간을 권장한 사람들이 가장 많았다. 토머스 왓슨은 "세상의 일들이 문을 두드리고 들어오기 전"인 아침이 묵상하기에 가장 좋은 시간이라고 설득력 있게 주장했고,[11] 토머스 화이트는 아침 시간이 가장 좋긴 하지만 "보편적인 규칙은 아니라고" 덧붙였다.[12] 백스터는 자기에게는 저녁이나 밤중이 가장 좋은 시간이었다고 말했고,[13] 볼은 "아침이든 저녁이든 각자의 직접적인 경험을 따르는 것이 좋다."고 지혜롭게 조언했다.[14]

윌리엄 페너는 성경적인 자료들을 검토하고 나서 선택 가능한 시

---

9. Hall, "Art of Meditation," 81.

10. Manton, "Sermons Upon Genesis 24:63," 17:298.

11. Watson, *Gleanings*, 107.

12. White, *Divine Meditation*, 28.

13. Baxter, *Everlasting Rest*, 559.

14. Ball, *Divine Meditation*, 119.

간을 네 가지로 나눠 제시했다. 그는 아침 시간이 가장 좋지만 저녁이나 한밤중, 또는 "설교나 성례나…하나님의 섭리의 행위를 통해 마음이 감동되었을 때"도 묵상할 수 있다고 말했다.[15] 제임스 어셔는 성경이 아침과 저녁을 둘 다 용인한다면서 개인적으로는 아침을 가장 좋은 시간으로 추천한다고 말했다. 그는 "묵상의 시간은 개개인의 판단에 맡겨 스스로 가장 좋게 생각하는 대로 결정하게 하는 것이 좋다."라고 조언했다.[16] 캘러미는 성경에 따르면 저녁이 가장 우선시되지만 "기질적으로 아침에 묵상하는 것이 가장 잘 맞는 사람들이 있고, 저녁에 묵상하는 것이 가장 잘 맞는 사람들이 있다."라고 말했다.[17] 나다나엘 래뉴는 "모든 그리스도인은 아침에 하나님 앞에서 깨어 있어야 한다."고 말하면서도 "직업 활동으로부터 가장 자유롭고, 육체의 기력과 체질과 기질에 가장 적합한 시간, 곧 기력이 없고, 피곤하고, 의기소침할 때가 아닌 정신이 가장 맑고, 활력이 가장 넘칠 때" 묵상을 하는 것이 좋다는 좀 더 큰 원칙을 제안했다.[18] 이는 아침이든 저녁이든, 또는 다른 어떤 시간이든 묵상을 할 때는 활력이 가장 넘치는 상태에서 가장 좋은 시간과 장소를 하나님께 바쳐야 한다는 뜻이다.

맨튼은 매우 적절한 말로 시간을 엄격하게 정하는 것에 대해 주

---

15. Fenner, *Divine Meditation*, 9 – 10.

16. Ussher, *Meditation*, 28 – 29, 44.

17. Calamy, *Divine Meditation*, 81 – 82.

18. Ranew, *Solitude Improved*, 61, 205.

의를 당부했다. "스스로가 정한 규칙으로 자기 자신을 속박하면 자기가 정한 대로 의무를 다하지 못할 경우에는 양심이 달려들어 쉴 새 없이 비난을 퍼부어댈 것이다. 게다가 시간을 고정해 습관화시키면 마음이 형식적이고, 미신적으로 치우치기 쉽다."[19] 아침이든 저녁이든 중요한 원리는 성경 읽기와 묵상과 기도로 하나님과 교제하는 습관을 일관되게 발전시켜 나가는 것이다. 이런 일은 마음이 산만하지 않은 시간에 이루어져야 한다. 따라서 청교도는 대부분 아침이나 저녁(또는 아침과 저녁 모두)을 묵상의 시간으로 추천했지만 여러 가지 긴급한 일을 처리해야 하는 중간 시간은 권유하지 않았다. 이처럼 신자는 의도적으로 일과 시간을 잘 배정해 주님과 영적 교제를 나눌 시간을 확보해야 한다.

묵상하기에 가장 좋은 장소

약 20년 전 새 신자였던 나는 영적으로 성장하려면 말씀의 양식을 잘 먹어야 할 필요가 있다는 것을 알았다. 그러나 성경을 읽으면서도 정신을 산만하게 만드는 일에 관심을 기울였다. 어리석게도 나는 다른 활동을 하면서 성경을 읽으려고 시도했다. 주님과 다른 것을 동시에 생각하려다 보니 성령의 작고, 세미한 음성을 듣기가 어려웠다. 성경 묵상이 효과적으로 이루어지려면 정신을 산만하게 만

---

19. Manton, "Sermons Upon Genesis 24:53," 17:299.

드는 일을 멀리하고, 정신을 온전히 집중시키는 것이 필요하다. 성경은 홀로 조용한 시간을 가지라고 가르친다. 캘러미는 이삭이 들에서 묵상한 일화는 시대를 초월하는 좋은 본보기를 제공한다면서 "혼자만의 사적인 장소가 묵상하기에 가장 적합한 장소다…거룩한 묵상은 조용하고, 차분해야 한다."라고 말했다.[20] 보스턴도 동일한 사례를 언급하면서 이삭이 "인간의 마음은 산만해지기 쉽기 때문에 집안의 소란함으로부터 벗어나 홀로 있을 수 있는 곳을 찾아" 들로 나갔다고 설명했다.[21] 제레마이어 버러스는 《세상을 좇는 생각》이라는 책에서 "하나님과 동행하는 사람은 세상에서 물러나기를 좋아한다…한적한 방이 없는 집에 사는 사람은 밖으로 나가 홀로 있는 시간을 가져라."라고 조언했다.[22] 홀은 예수님, 이삭, 세례 요한, 다윗, 크리소스토무스와 같은 인물들을 본보기로 삼아 "한적한 장소가 묵상에 가장 적합하다. 자기 자신과 유익한 대화를 나누고 싶으면 혼자만의 시간을 가져라."라고 말했다.[23]

신자는 이 원칙을 오늘날의 문화에 적용해야 한다. 효과적으로 묵상하려면 라디오, 텔레비전, 태블릿, 인터넷, 스마트폰, 문자 메시지를 비롯해 생각을 산만하게 만드는 여러 가지 도구들을 멀리해야

20. Calamy, *Divine Meditation*, 76, 110.

21. Boston, "Duty and Advantage of Solemn Meditation," 4:454.

22. Jeremiah Burroughs, *A Treatise of Earthly-Mindedness,* ed. Don Kistler (1649; repr., Ligonier, Pa.: Soli Deo Gloria, 1991), 193.

23. Hall, "Art of Meditation," 80.

한다. 어셔는 집에 있는 것들을 생각하지 않으려면 정신을 분산시킬 것이 없는 약간 어두운 장소를 찾으라고 조언했다.[24] 래뉴는 시편 108편 1절의 원리에 근거해 "우리의 영적 관심사에 충실하려면 지혜롭게 주의를 기울여 우리를 산만하고, 소란스럽게 만들어 우리가 의도하는 묵상을 방해하는 모든 것을 제거하겠다고 굳게 결심해야 한다."라고 설명했다.[25] 볼은 골방에서 기도하라는 주님의 가르침을 언급하면서 "한적한 장소가 그런 일을 하기에 가장 적합하다…정신을 산만하게 만드는 소음이나 사람들로부터 벗어나서 혼자 있으면 더욱 고요하고, 자유로운 마음으로 하나님과 대화를 나눌 수 있다."라고 말했다.[26] 또한 볼은 묵상할 때마다 매번 같은 장소를 찾으면 정신을 흐트러뜨리는 불필요한 요인들을 멀리하는 데 도움이 된다고 생각했다. 우리의 정신을 온전히 집중해야 할 만한 가치를 지닌 분은 주님 외에는 아무도 없고, 우리의 관심을 온전히 기울여야 할 가치를 지닌 것은 영원한 생명의 말씀 외에는 아무것도 없다.

묵상에 필요한 시간의 양

윌리엄 베이츠는 매일의 규칙적인 묵상에 필요한 시간의 양을 결정

---

24. Ussher, *Meditation*, 29 – 30.
25. Ranew, *Divine Meditation*, 205 – 6.
26. Ball, *Divine Meditation*, 115 – 16.

하는 기준을 제시했다. 그는 "영혼에 유익이 있다는 느낌이 어느 정도 느껴질 때까지 계속해야 한다…젖은 나무에 불을 붙일 때 처음에 입으로 바람을 불면 작은 연기만 피어오르다가 계속하면 불꽃이 일고, 나중에는 불길이 활활 타오르는 것처럼 묵상의 의무도 그와 같다."라고 말했다.[27] 이 비유는 영적인 일을 묵상하는 질적인 시간을 어느 정도나 확보하는 것이 필요한지를 설명할 때 흔히 사용되었다. 이런 비유의 배후에는 하나님을 향한 사랑이 뜨겁게 유지되기보다는 차갑게 식기가 훨씬 쉽다는 인식이 깔려 있다. 따라서 신자는 개인적인 헌신과 기도와 성경 묵상에 시간을 충분히 할애해야 마땅하다.

일부 청교도는 묵상을 위한 시간의 양을 구체적으로 정했다. 어셔는 예수님이 겟세마네 동산에서 하신 말씀에 근거해 한 시간을 권장했다(마 26:40).[28] 왓슨은 시편 39편 3절에 기록된 다윗의 말에 근거해 "매일 최소한 30분 이상을 하나님께 바치는 것이 적절하다…묵상은 심령이 따뜻해질 때까지 계속되어야 한다."라고 말했다.[29] 화이트는 묵상을 처음 시작하는 신자들의 경우는 30분, 좀 더 성숙한 신자들의 경우는 한 시간이 적당하다고 생각했다. 그러나 그는 시간의 양을 결정하는 데는 두 가지 일반적인 원리가 적용된다고 생각했다. 첫째, "심령이…하나님의 사랑으로 불붙기 전에는

27. Bates, "On Divine Meditation," 3:125.

28. Ussher, *Meditation*, 30.

29. Watson, *Christian on the Mount*, 84.

기도를 중단해서는 안 된다." 둘째, "마음이 감동되는 것이 느껴지는 한 계속해야 한다."[30] 청교도는 묵상을 기계적인 과정으로 생각하지 않았다. 그들은 묵상을 단지 하나님과의 사랑의 관계를 발전시켜 나가는 중요한 수단으로만 간주하지 않았다. 다른 모든 사랑의 관계와 마찬가지로 하나님과 대화를 나누는 일도 시간에 엄격하게 구애받지 않는다. 오히려 풍성하고, 건강한 관계를 유지하는 데 필요한 만큼 충분한 의사소통이 이루어져야 한다.

주님을 묵상하며 그분과 함께 시간을 보내는 일은 만찬을 즐기는 것과 같다. 준비하는 데도 시간이 필요하고, 즐기는 데도 시간이 필요하다. 햄버거를 먹으면서 고속도로를 질주하는 사람처럼 경건의 시간을 보내는 그리스도인들이 많다. 주님과 함께 보내는 시간은 일곱 가지 코스 요리를 즐기는 부부와 같아야 한다. 캘러미는 우리의 마음은 현이 느슨해진 악기와 같기 때문에 "매일 충분한 양의 시간을 따로 확보해 놔야 할 필요가 있다."라고 말했다. 묵상을 통해 마음을 하나님을 향해 맞추려면 상당한 시간이 걸린다.[31] 스윈녹은 여러 가지 비유를 통해 이 점을 구체적으로 설명했다. "우유를 크림으로 만들려면 시간이 제법 걸린다. 약은 인체 속에 오래 머물수록 효과가 더 커진다…몇 주 동안 알을 품어 그것을 따뜻하게 만들어 병아리를 부화시키는 암탉처럼 나도 아름다운 진리들을 내 마음속

30. White, *Divine Meditation*, 29 – 30.

31. Calamy, *Divine Meditation*, 84.

에 품어 오랫동안 생각함으로써 감정과 행위를 새롭게 변화시킬 수 있다."[32] 맨튼은 "유익을 얻을 때까지, 곧 하나님의 사랑이 지닌 풍미와 달콤한 맛이 느껴지거나…마음속에서 굳센 결의가 생겨나기까지 거룩한 생각을 멈추지 말라"라는 말로 이 모든 지침을 간결하게 요약했다.[33]

묵상을 일관되게 유지하는 것이 중요한 이유

시편 1편 2절은 하나님과 교제하는 일을 삶의 습관으로 삼아 실천하라고 말씀한다.[34] 묵상도 다른 대다수의 일처럼 실천을 요구한다. 일관되게 실천할수록 더 큰 유익을 얻을 수 있다. 설교를 통해 가장 큰 유익을 얻는 사람은 꾸준히 설교를 듣는 사람이고, 묵상을 통해 가장 큰 유익을 얻는 사람은 그것을 가장 많이 실천하는 사람이다. 캘러미는 "묵상은 자주 해야 한다."라고 강하게 말했다. 그는 그렇게 해야 할 이유를 세 가지로 제시했다. 첫째, 묵상은 하나님과 그리스도와 하늘나라에 관한 지식을 증대시킨다. 둘째, 묵상은 하나님과의 관계를 더욱 친밀하게 만든다. 셋째, 묵상은 이행하기 어려운 의무이지만 자주 하면 좀 더 수월해진다.[35] 새뮤얼 워드는 "형편이 어

---

32. White, *Divine Meditation*, 470.

33. Manton, "Sermons Upon Genesis 24:53," 17:280.

34. 신 6:7; 수 1:8; 시 119:97-99; 139:8; 엡 6:18; 골 4:2 참조.

35. Calamy, *Divine Meditation*, 96-101.

려울 때만 성경을 조금 읽는 사람들…이따금 한 번씩 묵상하는 사
람들은 되새김질하여 씹고 고기를 소화시키지 못하고 식탁에서의
잡담이나 한가한 대화에나 통할 미미한 지식을 얻는 것으로 기뻐할
는지 모르지만 그렇게 해서는 힘과 활력을 얻는 것은 고사하고, 목
숨을 간신히 연명하기에도 충분하지 않다."라고 주장했다.[36] 청교도
는 하나님을 묵상함으로써 하루를 시작하고, 마감해야 한다고 종종
말했다. 헨리 스쿠더는《거룩한 안전함과 평화 안에서 매일을 살아
가는 그리스도인》이라는 책에서 주님과 함께 하루를 시작하고, 마
감하는 방법을 자세하게 소개했다.[37] 현대인이 보기에는 지나치게
꼼꼼하고, 엄격하게 느껴질지 모르지만 그런 교훈을 제시한 이면에
는 좋은 영적 습관을 발전시키는 것이 더할 나위 없이 중요하다는
확신이 숨어 있었다.

홀은 신자들에게 일관된 묵상을 독려하기 위해 "단지 달리 할 일
이 없을 때나 갑자기 좋은 감정이 느껴질 때 일시적인 기분에 이끌
려 가끔 한 번씩 묵상하는 사람은 완전함에 도달할 희망이 없다…
오늘 음식을 마음껏 많이 먹었더라도 그로 인한 활력이 내일까지

---

36. Ward, "A Coal from the Altar," 83.

37. 다음 자료를 참조하라. Scudder, *The Christian's Daily Walk in Holy Security and Peace.* 하나님과 함께 하루를 시작하는 법에 대한 가르침은 29쪽 이하의 내용을, 그분과 함께 하루를 마감하는 법에 대한 가르침은 94쪽 이하의 내용을 각각 참조하라.

이어지는 않는다."라고 말했다.[38] 래뉴는 신자들에게 "매일의 묵상의 필요성"을 주지시키면서 "그 어떤 신자도 매일 해야 할 이 영혼의 일을…면제받게 해달라고 주장할 수 없다…높고 험준한 알프스산맥을 넘어 이탈리아로 진격했던 위대한 용사 한니발은…길을 찾거나 새로 만들었다고 한다. 선한 마음도 예수 그리스도와 교제를 나누기 위해 삶의 어려움과 분주함이라는 산맥을 넘을 수 있는 길을 찾거나 만든다."라고 조언했다.[39]

신자가 묵상을 일관되게 하지 않으면 어떻게 될까? 베이츠는 "묵상을 오랫동안 중단하면 유익한 결과를 얻기가 어렵다…새가 둥지를 오래 비우면 알들이 차가워져 부화하기가 어렵다…그와 마찬가지로 신앙의 의무를 오랫동안 이행하지 않으면 마음이 차갑게 식기 마련이다…그러나 이 일을 꾸준히 하면 유익을 얻을 것이다."라고 말했다.[40] 볼은 일관성이 없는 것을 효과적인 묵상을 방해하는 두 번째 요인으로 일컬었다. "일관성을 유지하도록 노력하라…많은 장애가 있더라도 묵상 없이 하루를 보내지 말라…일관성이 있어야만 제시간에 맞춰 편안하고, 즐겁고, 유익하게 묵상할 수 있다."라고 말했다.[41] 또한 볼은 구체적인 비유를 들어 일관된 묵상의 유익한 결과를 묘사하면서 "어린아이들이 학교에 처음 갈 때는 힘들어할 수

---

38. Hall, "Art of Meditation," 77.

39. Ranew, *Solitude Improved*, 59 –60.

40. Bates, "On Divine Meditation," 3:124 –25.

41. Ball, *Divine Meditation*, 65 –66.

있지만 일단 공부의 즐거움을 맛보고, 그 효과를 경험하고 나면 학문에 대한 사랑이 싹터 가족과 나라를 떠나는 것조차 마다하지 않는다."라고 말하기도 했다.[42] 백스터는 늘 그렇듯이 친절하게도 세 가지 이유를 들어 "하늘나라를 자주 묵상해야 할 필요성"을 강조했다.

1) 하나님과 대화를 자주 나누지 않으면 하나님과 우리의 영혼이 서로 낯설어지기 때문이다…2) 묵상을 자주 하지 않으면 그것을 잘할 수 있는 기술을 익히기가 어렵기 때문이다…3) 오랫동안 묵상을 중단하면 많은 노력을 기울여 얻은 열과 빛을 잃게 되기 때문이다…우리의 돌 같은 마음은 산꼭대기를 향해 오랫동안 힘들게 굴려 올렸더라도 조금이라도 주의를 게을리하면 곧바로 더 빠르게 아래로 굴러 내린다.[43]

효과적인 묵상을 시작하는 몇 가지 단계들

몇 년 전, 아내와 나는 이탈리아의 고대 유적지를 방문한 적이 있다. 실망스럽게도 로마에서 폼페이로 가는 길을 찾기도 전에 내비게이션이 망가졌다. 두 도시를 잇는 방향을 한 단계씩 안내해 주던 것이

---

42. Ball, *Divine Meditation*, 66.

43. Baxter, *Everlasting Rest*, 557 – 59.

없어지자 우리는 길 한복판에서 큰 낭패를 보게 되었다. 청교도는 신자들이 안내 표지가 없는 상태로 묵상의 길을 여행하도록 놔두지 않았다. 스티븐 율리는 "청교도의 묵상은 성경을 지성과 감정과 의지에 차례로 적용하는 데 그 목적이 있다."라는 말로 묵상의 단계에 관한 청교도의 논리적 근거를 설명했다.[44] 캘러미는 "묵상의 올바른 순서를 위한 규칙과 방향을 설정하는 것"이 유익하다고 생각했다.[45] 효과적이고, 성공적인 묵상을 위한 단계를 구체적으로 하나씩 살펴보면 다음과 같다.

열정을 갖게 해달라고 기도로 성령의 도우심을 구하라

캘러미는 묵상할 수 있는 적절한 장소와 시간과 주제가 마련되었으면 마음으로 하나님의 임재를 의식하려고 노력해야 한다고 조언했다. 묵상은 성령의 도우심을 구하는 기도로 마음을 집중하는 데서부터 시작한다.[46] 주님은 "나를 떠나서는 너희가 아무것도 할 수 없음이라"(요 15:5)라는 간단하면서도 심오한 의미가 담긴 말씀으로 이 점을 분명하게 가르치셨다. 베이츠는 묵상을 처음 시작할 때는 "성령의 도우심을 구해야 한다. 성령께서는 움직이는 태양도 멈추게 하실 수 있다…그분은 우리의 생각을 고정시키고, 그 움직임을

---

44. Yuille, *Puritan Spirituality*, 193.

45. Calamy, *Divine Meditation*, 170–73.

46. Calamy, *Divine Meditation*, 170–73.

멈추게 할 능력이 있으시다."라고 말했다.[47]

홀도 "기도는 묵상을 위한 길을 연다…기도는 왕궁의 내시가 하늘의 왕과 대화를 나누기에 적합하도록 영혼에 옷을 입히고, 향수를 바르는 것과 같다."라는 말로 기도를 묵상의 시작 단계로 간주했다.[48] 어셔는 "하나님께 묵상을 올바르게 하는 방법을 가르쳐 달라고 기도하고, 성령께서 당신의 상한 심령을 제물로…바치는 것을 가능하게 해주시길 간구하라."라는 말로 하나님을 의지하는 기도의 태도를 아름답게 표현했다.[49] 래뉴는 효과적인 묵상의 토대를 다루면서 "확고한 목적과 결심"은 물론, "열정적인 기도로 준비하는 것"이 필요하다고 말했다. 그의 조언은 묵상을 명령하는 성경의 가르침에 근거했다(시 119:15, 48).[50] 래뉴는 묵상할 때 신자에게 요구되는 태도를 묘사하면서 "의도, 열정, 방해 요인의 제거"와 같은 용어들을 사용했다. 그는 "영혼의 사역이 모두 그렇지만 특히 묵상의 사역에는 큰 어려움과 많은 방해 요인이 뒤따른다. 따라서 마음의 의도와 결심이 강하고, 숭고해야 한다."라고 조언했다.[51] 이처럼 마음을 적절히 준비하려면 기도로 겸손히 주님의 도우심을 구해야 한다.

---

47. Bates, "On Divine Meditation," 3:142.

48. Hall, "Art of Meditation," 85.

49. Ussher, *Meditation*, 36.

50. Ranew, *Solitude Improved*, 10 – 11.

51. Ranew, *Solitude Improved*, 14.

성경을 읽고 성경적인 묵상의 주제를 선택하라

기도로 하나님의 도우심을 구한 다음에는 묵상을 위한 성경적인 주제를 선택하는 것이 필요하다. 베이츠는 "자신의 상황에 적합한 주제들을 묵상하라."고 권고했다.[52] 왓슨은 여호수아서 1장 8절과 디모데전서 4장 13-15절에 근거해 묵상하기 전에 항상 성경을 읽어야 한다고 확신했다. 신자는 "자신의 묵상이 반드시 성경에 근거하도록 주의를 기울여야 한다."[53] 묵상에 적절한 주제들은 7장에서 논의할 예정이다. 따라서 여기에서는 간단히 몇 구절의 말씀이나 작은 주제를 선택해 마음을 기울여 세밀하게 묵상하는 것이 필요한 이유를 간단하게 밝히는 것으로 만족하고자 한다. 왓슨은 한꺼번에 너무 많은 것을 묵상하려고 애쓰면 정신이 산만해지고, 좌절감을 느끼기 쉽다고 경고했다. 그렇게 하는 것은 "새가 한곳에 머물지 못하고, 이 가지, 저 가지를 옮겨 다니는 것과 같다."[54] 성경 읽기는 매일의 묵상을 위한 말씀의 양식을 제공한다. 말씀의 양식은 신자의 마음과 삶의 상황에 특별히 부합하는 한두 구절의 성경 말씀에서 비롯한다. 에베소서 1장 전체를 묵상하는 일은 힘들지만 "우리는 그리스도 안에서 그의 은혜의 풍성함을 따라 그의 피로 말미암아 속량 곧 죄 사함을 받았느니라"(엡 1:7)라는 한 구절은 어렵지 않게 묵상할 수 있다. 이 한 구절에서도 그리스도의 구속과

---

52. Bates, "On Divine Meditation," 3:139.

53. Watson, *Christian on the Mount*, 99.

54. Watson, *Christian on the Mount*, 100.

보혈, 용서, 우리의 죄, 하나님의 은혜 등 많은 묵상의 주제를 발견할 수 있다.

질문하고 생각하고 자기를 성찰하라

청교도는 묵상의 정확한 순서에 대해서는 의견이 서로 달랐지만 모두 묵상의 유익을 극대화하려면 본문에 근거해 올바른 질문을 던져야 한다고 강조했다. 조셉 홀과 아이작 암브로스는 묵상의 단계와 질문들을 둘로 나누어 이해를 돕기 위한 것과 감정을 뜨겁게 하기 위한 것으로 구분하였다.[55] 최종 목표는 의지를 하나님의 뜻에 복종시키는 것, 즉 실제적인 행위나 태도에 영향을 미치는 것이었다. 암브로스는 신자가 그리스도를 향한 자신의 사랑을 묵상할 때 질문을 던져 여러 가지 문제를 다루어야 한다고 가르쳤다. 먼저 이해를 돕기 위해서는 그 주제를 올바로 묘사한 내용과 그것의 분류를[56] 비롯해 그 주제의 원인과 결과 및 이에 상반되는 것, 여러 가지 비유, 다른 성경 구절의 증언 등을 고려해야 한다.[57] 또 진리를 음미함으로써 감정을 뜨겁게 하려면 자신의 영적 무감각을 생각하고, 죄를 고백하며, 성장의 은혜를 구하고, 주님의 뜻이나 약속을 의지해야 한다.[58]

---

55. Cf. Hall, "Art of Meditation," 87 – 8, and Ambrose, *Middle Things*, 135 – 41.

56. 여기에서 "분류"는 참된 사랑과 거짓된 사랑을 구별하는 것을 의미한다.

57. Ambrose, *Middle Things*. 암브로스가 제시한 질문들을 살펴보려면 135-38쪽을 참조하라.

한 가지 주제나 짧은 단락을 묵상할 때는 그 세부 내용을 충분히 살펴 사려 깊은 생각으로 영혼을 독려하기에 충분한 질문을 던져야 한다. 신자는 주제와 관련된 복된 약속을 모두 삶에 대한 자신의 관점에 적용했는지 점검해야 한다. 예를 들어 그리스도 안에서의 온전한 용서에 대해 묵상했다면 의심하며 불안하게 사는 것이 하나님의 자녀에게 얼마나 부적절한 것인지를 생각해야 한다. 청교도는 죄의 본질을 주의 깊게 묵상해야만 참된 영적 구원을 얻을 수 있다고 믿었다. 윌리엄 브리지는 말씀에 대한 묵상을 네 가지로 나눠 가르쳤다. 즉 신자는 명령의 정확성, 약속의 충실성, 저주의 두려움, 다양한 사례들의 중요성을 생각해야 한다.[59] 페너도 다른 사람들과 마찬가지로 묵상의 시간에는 스스로의 부적절한 행위를 돌아보며 "나는 감사도 모르고, 불순종만 일삼는 무익한 존재입니다."라고 고백하라고 권고했다.[60] 왓슨은 "어떤 영적 주제를 묵상하든 영혼을 향해 '오, 나의 영혼이여. 내가 그렇지 않은가?'라고 물어라…이런 성찰이 없으면 묵상은 아무런 효과도 없이 소실되고 말 것이다."라고 말했다.[61]

---

58. Ambrose, *Middle Things*. 암브로스가 제시한 질문들을 살펴보려면 139-41쪽을 참조하라

59. Cf. Bridge, "The Sweetness and Profitableness of Divine Meditation" and "The Work and Way of Meditation," 3:141, 146.

60. Fenner, *Divine Meditation*, 10.

61. Watson, *Christian on the Mount*, 99 – 100.

개인적인 적용과 결심과 기도로 끝을 맺어라

앞서 말한 대로 청교도는 성경적인 묵상이 삶을 변화시키는 실질적인 결과로 이어지는 것이 가장 중요하다고 강조했다. 리처드 그린햄은 "묵상은 우리가 아는 것을 기억 속으로 불러내서 깊이 살피고, 헤아린 연후에 그것을 실천에 옮기기 위해 우리 자신에게 적용하는 생각의 활동이다."라고 말했다.[62] 청교도는 개인의 행위에 구체적으로 적용하지 않는 묵상은 결과적으로 영적 사변을 즐긴 것에 지나지 않는다고 생각했다. 지속적인 변화가 일어나려면 묵상을 마무리할 무렵에 확고한 결의를 다져야 한다. 캘러미는 "거룩하고, 신령한 것을 묵상한 사람답게 살아가려면 마음의 결심으로 끝을 맺어야 한다."라고 말했다.[63] 어셔는 묵상의 시간에 적용을 시도할 때는 두 가지 질문을 던지라고 조언했다. "먼저 뒤를 돌아보고 '내가 무엇을 했는가?'라고 묻고,…그런 다음에는 앞을 바라보며 '내가 무엇을 해야 할까?'라고 물어라." 이런 적용과 결심이 없으면 기껏 그리스도의 사랑을 묵상하고 나서 배우자와 자녀들에게 화를 내며 소리를 지르는 잘못을 저지를 수 있다. 왓슨은 "이것(실천을 위한 적용)이 없으면 지식만 많고, 삶은 방탕했던 영지주의자들처럼 될 수밖에 없다."라고 지혜롭게 말했다.[64]

---

62. Greenham, "Grave Counsels and Godly Concerns," 37.

63. Calamy, *Solitude Improved*, 199.

64. Watson, *Christian on the Mount*, 101.

마지막으로 청교도는 마무리 기도와 감사 없이 갑작스레 묵상을 중단하고 은혜의 자리를 떠나는 것을 원하지 않았다. 볼은 그런 청교도의 정서를 잘 표현했다.[65] 암브로스는 묵상의 사역을 옳게 마무리하려면 감사의 기도를 드리고 나서 "우리의 영혼과 삶을 하나님께 맡겨야 한다."고 말했다.[66] 왓슨도 "묵상을 기도로 끝맺어라…기도는 묵상을 영혼과 단단히 결합시킨다. 묵상을 마무리하는 기도는 묵상이 소실되지 않도록 매듭을 지어주는 역할을 한다."(대상 29:18)라고 말했다.[67]

---

65. Ball, *Divine Meditation*, 137 – 38.

66. Ambrose, *Middle Things*, 135.

67. Watson, *Christian on the Mount*, 100.

7장
묵상이 필요한 때

━━━━━

2001년 9월 11일 아침, 집에서 막 공부를 시작하려고 하는데 교회 집사 한 사람이 내게 전화를 걸어 뉴욕의 세계무역센터에서 엄청난 일이 벌어지고 있다면서 얼른 뉴스를 보라고 말해주었다. 아내와 나는 그 후로 며칠 동안 거의 뉴스만 지켜보면서 단 한 번의 타격으로 그토록 많은 사람이 목숨을 잃은 것에 크나큰 두려움을 느끼지 않을 수 없었다. 9월 11일 테러가 있고 나서 몇 주 동안, 사람들은 인생의 덧없음과 죽음의 현실을 생각했을 것이 틀림없다. 사실 그러는 것이 당연했다. 성경은 "초상집에 가는 것이 잔칫집에 가는 것보다 나으니 모든 사람의 끝이 이와 같이 됨이라 산 자는 이것을 그의 마음에 둘지어다"(전 7:2)라고 말씀한다.

이 구절은 하나님의 백성에게 특별한 때에 성경적인 진리를 생각해야 할 필요성을 일깨워 준다. 물론 세계무역센터에 대한 테러와 같은 엄청난 불행만이 특별히 진지한 생각을 요구하는 유일한 사건인 것은 아니다. 주님은 모든 장례식을 인생의 짧음과 덧없음을 영적으로 생각해야 할 특별한 때로 지정하셨다. 이번 장에서는 계획적인 묵상이 꼭 필요한 경우를 몇 가지 살펴볼 생각이다.

묵상과 매일 성경 읽기

앞장에서 말한 대로 묵상을 시작하기 전에 먼저 성경을 읽는 것이 필요하다. 규칙적으로 성경을 읽어야만 심령 상태를 올바로 유지해 나갈 수 있다. 성경을 읽으면 하나님의 성령께서 잘못을 바로잡아 주고, 겸손한 마음을 갖게 하며, 권고와 가르침을 허락하신다. 영적 생활을 성경적으로 균형 있게 유지해 나가기를 원하는 사람은 최소한 일 년이나 이 년에 한 번씩 성경을 통독하는 습관을 기르는 것이 중요하다. 그렇게 하면 하나님의 뜻을 정확하게 알 수 있고, 개인적으로 좋아하는 성경 구절만 반복해서 읽는 일을 피할 수 있다. 공손한 태도로 정신을 집중해서 성경을 읽으면 마음을 뜨겁게 하기에 충분한 묵상의 소재들을 발견할 수 있다. 그렇게 하면 성경 읽기와 묵상이 서로 긴밀한 관계를 맺게 된다. 묵상은 성경 읽기와 기도와 더불어 경건의 시간을 구성하는 필수 요소다. 토머스 맨튼은 성경 읽기와 묵상과 기도가 신자의 삶 속에서 제각기 올바른 위치를 차지해야 한다고 말했다. "기도만 하고 묵상하지 않는 것은 성급하다. 말씀으로 섭취한 것을 묵상으로 소화하고, 기도로 내놓아야 한다. 세 가지 중에 어느 한 가지에만 집중하지 말고, 체계적으로 균형을 유지해 나가야 한다."[1] 에드먼드 캘러미도 묵상을 다른 두 가지 요소, 즉 성경 읽기와 기도와 "하나로 결합해야 한다."고 말했다.[2] 안타깝게도 요즘에는 묵상을 성경 읽기와 기도와 결합시켜야 할 중요성을 언급하는 말을 좀처럼 듣기 어렵다. 토머스 왓슨은 "묵상하지 않으면 하나님의 말씀이 오래 머물지 않는다. 마음은 강퍅해지고, 기억은 불확실해진다. 묵상이 없으면 모든 것을 잃는다."라고 말했다.[3]

묵상을 중요하게 생각하지 않고 성경을 읽는 사람들이 많지만 묵상하지 않으면 성경을 유익한 방식으로 읽기가 불가능하다. 묵상이 있어야만 지속적인 변화와 영적 성장이 이루어질 수 있다. 단지 성경을 읽는 것에 그치지 말고 그 다양한 진리들을 묵상해야 한다. 묵상은 말씀에 능력을 실어주어 진리가 삶에 영향을 미치게 만든다. 왓슨은 이렇게 말했다.

성경을 읽지 않고 묵상하는 것은 잘못이고, 묵상하지 않고 성경을 읽는 것은 아무 유익이 없다. 벌이 꽃에서 즙을 빨아들여 벌집으로 가져 날라 꿀을 만드는 것처럼 우리도 성경을 읽어 말씀의 꽃에서 진리를 빨아들여 생각 속으로 가져와서 유익한 결과를 만들어

---

1. Manton, "Sermons Upon Genesis 24:53," 17:273.

2. Calamy, *Divine Meditation*, 117.

3. Watson, *Gleanings*, 106.

낸다…우리가 성경을 읽고서도 마음이 냉랭한 이유는 묵상의 불로 우리 자신을 뜨겁게 하지 않기 때문이다.[4]

나다나엘 래뉴의 생각도 그와 똑같다.

성경 읽기는 내게 고기를 주고, 묵상은 달콤함을 가져다 준다. 성경 읽기는 나무에 숯을 가져오고, 묵상은 불길을 일으킨다. 성경 읽기는 말씀의 검을 주고, 묵상은 말씀의 검을 벼린다. 성경 읽기는 체에 물을 붓는 것과 같고, 묵상은 그것에서 금을 걸러내 금고에 집어넣는 것과 같다. 전자는 물을 빼내고, 후자는 금을 채취한다. 성경도 많이 읽고, 묵상도 많이 해야 한다. 묵상과 성경 읽기는 서로 비례한다. 영혼이 소화하는 것과 영혼이 성경을 읽어 받아들이는 것은 서로 비례한다.[5]

묵상, 주일, 설교 듣기

오늘날의 신자들과는 달리 청교도는 주일을 매우 귀하게 여겼다. 주일을 거룩하게 지킨다는 것은 해도 되는 일과 하지 말아야 할 일을 엄격하게 따져 지키는 것을 의미하지 않는다. 그것은 그날을 신

---

4. Watson, *Heaven Taken by Storm*, 118.

5. Ranew, *Solitude Improved*, 75.

자의 영혼을 배불리 먹이는 영적 잔칫날로 간주하는 것을 의미한다.[6]

따라서 청교도 목회자들이 교인들에게 묵상을 실천해 주일을 온전하게 누리라고 권고한 것은 조금도 이상하지 않다. 그래야 할 이유는 무엇일까? 그것은 주일에는 직업 활동과 일상적인 의무로부터 자유롭기 때문에 묵상에 좀 더 많은 시간을 할애할 수 있기 때문이다. 캘러미는 "이날은 노동자가 일을 멈추고, 농부가 일의 멍에를 내려놓고…시중드는 사람들이 휴식을 취하는 날이다. 따라서 우리는 모두 안식일에 적당한 양의 시간을 묵상에 할애해야 한다."라고 말했다.[7] 리처드 백스터도 "주일은 이 활동을 하기에 매우 좋다. 안식을 예표하는 주일보다 안식에 대해 더 적절하게 생각할 수 있는 날이 어디에 또 있겠는가?"라고 말했다.[8] 래뉴는 "지극히 뛰어난 하나님의 날에 묵상을 해야 하는" 스무 가지 이유를 언급하면서 "이날에 묵상을 해야 하는 이유는 가장 큰 영적 유익을 얻을 수 있기 때문이다. 나와 나의 영혼을 위해 이날보다 더 뛰어난 날은 없다."라고 말했다.[9]

주일이 묵상하기에 적절한 이유는 시간이 여유로울 뿐 아니라 공적으로 설교되는 하나님의 말씀을 듣는 날이기 때문이다. 신자들은 매년 수많은 설교를 듣지만 성경적인 진리를 삶에 적용하는 경우는

---

6. Ranew, *Solitude Improved*, 81.

7. Calamy, *Divine Meditation*, 86.

8. Baxter, *Everlasting Rest*, 560.

9. Ranew, *Divine Meditation*, 81.

별로 없다. 이런 안타까운 현상이 일어나는 이유는 무엇일까? 왓슨은 이렇게 대답했다. "다섯 편의 설교를 듣는 것보다 한 편의 설교를 묵상하는 것이 더 낫다. 설교를 들어도 유익이 없다고 불평하는 사람들이 많다. 그 주된 이유는 새김질을 하지 않는 것, 곧 들은 말씀을 묵상하지 않는 것에 있다."[10] 토머스 화이트도 "들은 설교를 묵상하는 것은 신자에게 매우 유익하고, 필요한 일이다."라고 말했다.[11]

설교를 듣고 나서 나중에 그 진리를 묵상하지 않으면 많은 것을 잊게 된다. 맨튼은 "듣기만 하고 묵상하지 않으면 아무런 유익이 없다. 듣기만 하는 것은 구멍이 난 가방에 물건을 담는 것과 같다…하나님이 마음에 씨를 뿌리셨다면 새들이 그것을 쪼아 먹지 않게 해야 한다."라고 말했다.[12] 캘러미는 "우리가 듣는 설교가 아무런 유익이 없는 이유는 거룩한 묵상이 없기 때문이다."라고 말했고,[13] 백스터도 "그토록 많은 설교가 의미 없이 사라지는 이유는 무엇일까? 신자들은 계속해서 설교를 듣는다. 그들은 듣거나 읽는 것을 지겹게 느끼지 않지만 그들의 영혼은 기아에 허덕이며 점점 쇠약해져 가기만 한다. 그렇게 되는 가장 큰 이유는 묵상을 지나치게 소홀히 하는 태도와 무지 때문이다."라고 동의했다.[14] 토머스 보스턴은 설

---

10. Watson, *Christian on the Mount*, 85.

11. White, *Divine Meditation*, 17.

12. Manton, "Sermons Upon Genesis 24:53," 17:272, 298.

13. Calamy, *Divine Meditation*, 31.

14. Baxter, *Everlasting Rest*, 549.

교 말씀을 듣고 나서 "즉시 묵상을 시작하면…기억력이 놀랍도록 강화되는 것을 발견할 것"이라고 말했다.[15] 리처드 그린햄도 비슷한 맥락에서 "말씀을 통해 들은 일반적인 규칙들을 묵상하면 그 진리가 더욱 선명하게 드러날 때가 많다."라고 조언했다.[16] 제임스 어셔의 말은 지금도 여전히 적절하다. 그는 "한 시간의 묵상은 천 편의 설교보다 더 큰 가치를 지닌다. 묵상은 말씀을 욕되게 하지 않고, 더욱 존귀하게 만든다. 그런 식으로 말씀은 분명하게 이해되어 개별적으로 적용된다."라고 말했다.[17]

묵상과 설교 준비

설교를 전할 때 때때로 하는 묵상을 시도하면 그림처럼 생생한 묘사력을 발전시키는 데 매우 유익하다. 이번에는 설교나 성경공부를 준비하는 일에 묵상이 어떤 역할을 하는지에 대해 잠시 생각해 보자. 묵상의 목적이 행위의 변화를 염두에 두고 개인의 삶에 진리를 적용하는 데 있다면 목회자는 당연히 개인적인 적용이 가능한 설교를 준비해야 한다. 컴퓨터 시대가 열린 덕분에 목회자가 말씀을 연구하고, 다양한 주석을 참고하는 일이 좀 더 수월해졌지만, 그럼에도 불구하고 주의 깊은 묵상의 필요성은 조금도 줄어들지 않았

---

15. Boston, "How the Word Is to Be Heard and Read," 2:433.

16. Greenham, "Grave Counsels and Godly Concerns," 39.

17. Ussher, *Meditation*, 43.

다. 목회자가 스스로의 영혼 안에서 진리를 잘 소화해야만 가장 실행 가능한 적용이 이루어질 수 있다. 안타깝게도 요즘에는 광야에서 외치는 통찰력 있는 선지자보다는 마치 중계방송을 하는 해설자처럼 보이는 설교자들이 많다. 나는 청교도의 묵상을 연구하는 동안 이것이 청교도 목회자들이 강단에서 그렇게 능력이 넘쳐났고, 청중에게 말씀을 체계적으로 잘 적용할 수 있었던 주된 이유였다는 확신이 들었다. 따라서 현대의 목회자나 성경 교사가 묵상을 준비의 일환으로 삼는다면 훨씬 더 깊이 있는 적용이 이루어질 수 있고, 성경 해설도 더욱 철저해지고, 통찰력도 폐부를 찌르듯 날카로워질 것이 틀림없다.[18]

캘러미는 바울이 디모데에게 묵상을 권고한 사실을 언급하면서 (딤전 4:15) 성경 읽기, 기도, 시험, 묵상이라는 네 가지를 통해 말씀의 사역자가 형성된다는 마르틴 루터의 가르침을 전했다.[19] 패커는 "성경에 대한 청교도의 묵상이 청교도의 설교를 통해 잘 예시되어 나타난다."라고 말했다.[20] 네이선 히치콕은 에드워드 테일러의 "준비 묵상 실천"에 관해 연구하면서 마음의 묵상이 "그가 다스리는

---

18. J. I. Packer, *A Quest for Godliness: The Puritan Vision of the Christian Life* (Wheaton, Ill.: Crossway Books, 1990), 94. 흥미롭게도 패커는 "하나님과의 교제에 대해 존 오웬이 쓴 글"이라는 제목의 장에서 청교도 목회자들 가운데서 가장 탁월했던 존 오웬이 "묵상을 하며 성경을 읽는 것"을 설교 준비의 가장 중요한 요소로 간주했다고 설명했다(94쪽).

19. Calamy, *Divine Meditation*, 73.

20. Packer, *Quest for Godliness*, 24.

일과 리더십과 사역을 위해 준비되게 이끌었다."고 결론지었다.[21] 맨튼은 "그들(사역자들)은 오로지 연구에 전념했고, 끊임없이 묵상했다."라고 정확하게 지적했다.[22]

묵상이 필요한 인생의 특별한 때

최근에 세상을 떠나 본향으로 돌아간 한 그리스도인 여성의 장례식에서 설교를 전할 기회가 있었다. 죽음은 묵상이 필요한 때다. 그녀는 죽기 전에 남편과 함께 시편 90편 12절("우리에게 우리 날 계수함을 가르치사 지혜로운 마음을 얻게 하소서")의 진리를 깊이 생각했다. 나는 장례식 설교를 통해 참석자들에게 인생의 덧없음과 지금 소홀히 하는 것들을 바로 잡아야 할 필요성을 묵상하는 것이 필요하다고 강조했다. 장례식은 묵상이 특별히 필요한 때에 해당하는 대표적인 경우다. 윌리엄 브리지는 이렇게 설명했다. "묵상은 매일 해야 할 일이지만 특별히 더 필요한 경우와 때가 있다…하나님이 특별한 긍휼이나 심판을 베푸신 때가 있었는지 돌아보라. 그런 때는 묵상하기에 적합한 때다."[23] 신자들에게 하늘나라를 생각하라고 자주 권고했던 백스터는 "우리의 마지막이 가까울 때, 그때야말로 하늘나라를 바라

---

21. Nathan Hitchcock, "Saving Edward Taylor's Purse: Masculine Devotion in the Preparatory Meditations," *Literature and Theology* 22 (Sept. 2008): 349.

22. Manton, "Sermons Upon Genesis 24:53," 17:299.

23. Bridge, "The Work and Way of Meditation," 3:155.

보고, 위로와 도움을 얻어야 할 때다…그리스도인들은 죽음을 앞둔 순간에 그 어느 때보다도 더 달콤한 기쁨을 느끼는 경우가 많다."라고 말했다.[24]

중요한 변화의 시기나 특별히 중대한 일을 처리해야 할 때도 묵상이 필요하다. 보스턴은 창세기 24장에 기록된 이삭의 결혼을 언급하면서 결혼은 사려 깊은 그리스도인이라면 반드시 하나님의 말씀을 묵상해야 할 "중대한 일"에 해당한다고 말했다.[25] 집을 떠나 대학에 갈 때, 직장을 새로 옮겼을 때, 형제가 하나님을 저버렸을 때, 국가적인 선거가 있을 때도 특별히 묵상이 필요하다. 브리지는 이렇게 말했다. "가까운 장래에 중대한 일이나 임무가 있는지 살펴보라. 그때는 묵상하기에 적합한 때다…중대한 임무를 맡게 되거나 새로운 일자리를 얻게 되었다고 가정해 보자. 그 시간이 가까이 다가오거든 조용히 앉아 그 일을 묵상하는 것이 필요하다."[26] 오늘날에는 과거보다 하나님의 지혜가 더 많이 필요하기 때문에 경건한 사람들은 하나님과 그분의 길과 말씀을 묵상하는 데 시간을 더 많이 할애해야 한다.

또한 청교도는 하나님의 성령께서 마음속에서 역사해 영적인 무감각을 일깨우실 때도 묵상이 특별히 필요한 때로 간주했다. 시편 저자는 하나님께 "주께서 우리를 다시 살리사 주의 백성이 주를 기

---

24. Baxter, *Everlasting Rest*, 563.

25. Boston, "Duty and Advantage of Solemn Meditation," 4:453.

26. Bridge, "The Work and Way of Meditation," 3:155–6.

뻐하도록 하지 아니하시겠나이까"(시 85:6)라고 기도했다. 특별히 묵상하고 싶은 마음이 생길 때는 개인적인 회복이 이루어지기 시작하는 징후일 수 있다. 맨튼은 "하나님이 영적 회복과 성령을 허락하시는 때"에 관해 말하면서 그런 때에는 "성령의 거센 바람을 이용하는 것이 좋다. 새로운 바람이 불어오면 우리의 닻을 높이 올려야 한다. 성령의 역사하심을 놓치지 말라. 성령의 감동하심은 지금이 은혜받을 만한 때라는 하나님의 의도를 나타내는 조짐이다."라고 말했다.[27]

마지막으로 백스터는 시련의 때, 곧 "고난이나 두려움이나 염려나 유혹으로 인해 힘들고, 당혹스러울 때"에는 하늘나라와 주님의 은혜를 특별히 묵상해야 할 필요가 있다고 가르쳤다.[28] 하나님은 지혜롭고, 온전한 섭리를 통해 자기 백성에게 특별히 기쁘거나 슬픈 일을 허락하고, 중요한 결정이나 변화가 필요한 상황을 경험하게 하신다. 그 모든 것은 신자의 마음을 움직여 하나님의 행사를 진지하게 생각하게 함으로써 말씀을 통해 그분의 뜻을 깨닫도록 하기 위한 은혜로운 선물이다.

---

27. Manton, "Sermons Upon Genesis 24:53," 17:198.

28. Baxter, *Everlasting Rest*, 562.

묵상과 성찬을 위한 준비

성찬은 하나님의 자녀들에게 특별한 기념의 때요, 축복과 은혜를 누리는 때다. 성찬은 우리 자신과 그리스도를 깊이 생각하는 때다. 모두 각자 고백하지 않은 죄나 불신앙이 없는지 자신의 마음을 살펴야 한다. 그리스도를 기념하기에 합당한 준비를 갖춰야 한다. 브룩스 홀리데이가 지적한 대로 청교도(특히 토머스 후커와 같은 사람들이 포함되어 있던 뉴잉글랜드의 청교도)는 진지한 묵상이 없는 한, "'은혜롭고, 적절한' 성찬이 이루어지기 어렵다."고 생각했다.[29] 따라서 청교도는 성찬을 위한 묵상이라는 주제를 다룬 글과 책을 많이 썼다.

또한 성찬에 참여한 신자는 즐거운 마음으로 새 언약의 축복(즉 주 예수님의 희생과 그분의 인격과 사역을 통해 죄 사함을 받아 영원한 구원을 얻었다는 사실)을 생각해야 한다. 존 오웬은 성찬에 참여한 자리에서 죄책감을 느끼는 신자들에게 "안도감을 얻으려면…하나님의 은혜와 예수 그리스도의 사랑을 묵상하라."고 권고했다.[30] 이 모든 사실은 성찬이 영적 진리들을 묵상하기에 매우 적합한 때라는 것을 분명하게 보여 준다. 기쁘고, 진지한 묵상이 없으면 성찬을 경박하거나 피상적이거나 형식적으로 지키기 쉽다.

---

29. Brooks E. Holifield, *The Covenant Sealed: The Development of Puritan Sacramental Theology in Old and New England, 1570–1720* (New Haven: Yale University Press, 1974), 164.

30. John Owen, *Sacramental Discourses*, in *The Works of John Owen*, ed. William H. Goold (1850 – 1853; repr., Edinburgh: Banner of Truth Trust, 1998), 9:561.

청교도는 성찬(또는 세례)에 참여해 그에 합당한 묵상을 하는 것이 교회를 질서 있게 유지해 나가는 데 꼭 필요한 요소라고 생각했다. 맨튼은 묵상에 관한 네 번째 설교를 "성찬에 합당한 묵상"을 다루는 데 온전히 할애했다.[31] 그는 그 주제를 실천적으로 다루었다. 그는 "황폐함(신학적인 무지), 우둔함(영적 무감각), 산만한 생각, 나태한 형식주의"를 성찬에 합당한 묵상을 방해하는 네 가지 요인으로 지적했다.[32] 오웬은 "성찬을 준비하려면 네 가지, 곧 묵상, 자기 성찰, 간구, 기대가 필요하다."라고 간결하게 요약했다.[33] 그는 성찬에 참여했을 때는 "믿음의 묵상…(또는) 믿음에서 우러나는 묵상"을 통해 그리스도를 바라봐야 한다고 설명하면서 "묵상은 믿음의 행위다."라고 말했다.[34] 캘러미는 성찬을 "믿음의 의식"으로 지칭하며 "성찬을 준비하는 것도 묵상이 없으면 불가능하고" 준비를 마치고 성찬에 직접 참여한 뒤에도 계속 묵상해야 한다고 가르쳤다.[35]

그렇다면 성찬을 준비할 때는 어떤 묵상이 필요할까? 화이트는 "성부 하나님의 사랑과 성자 하나님의 사랑, 예수 그리스도의 인격의 탁월하심, 그분이 겪으신 극심한 고난, 그것이 하나님의 정의를

---

31. Cf. Manton, "Sermons Upon Genesis 24:53," 17:288–97.

32. Manton, "Sermons Upon Genesis 24:53," 17:288–91.

33. Owen, *Sacramental Discourses*, 9:558. Cf. also Packer, *Quest for Godliness*, 214–15 on this point of Owen.

34. Owen, *Sacramental Discourses*, 9:558.

35. Calamy, *Divine Meditation*, 1, 40, 88. Cf. pages 88–95 where Calamy provided twelve different points of meditation during the observation of the Lord's Table.

만족시키기에 충분했다는 사실을 비롯해 성찬의 탁월함과 본질과 용도를 묵상해야 한다."라고 말했다.[36] 오웬은 성찬을 준비할 때 다섯 가지를 묵상하라고 조언했다. 1) 십자가의 희생으로 대가를 치른 끔찍한 죄책, 2) 하나님의 순결하심, 거룩하심, 엄격하심("자기 아들을 아끼지 아니하시고"-롬 8:32), 3) 십자가를 통해 자신의 의의와 선하심을 밝히 드러내신 하나님의 무한한 지혜와 사랑, 4) 죄인들을 위해 자기를 내주신 예수님의 무한한 사랑, 5) 그리스도께서 십자가의 희생을 감수하신 이유(죄인들을 하나님과 화목하게 하는 것).[37] 루이스 베일리는 《경건의 실천》에서 "설교가 끝나고 성만찬이 거행되면 내가 어떻게 그리스도의 거룩한 식탁에 손님으로 초대되었는지, 또 그분이 나를 얼마나 지극한 사랑으로 초대하셨는지(사 55:1, 2)를 묵상하라."라고 말했다.[38]

---

36. White, *Divine Meditation*, 88.

37. Owen, *Sacramental Discourses*, 9:558 – 60.

38. Lewis Bayly, *The Practice of Piety: Directing a Christian How to Walk That He May Please God* (London, 1648), 296.

8장
묵상의 주제를 선택하기

———

어렸을 때 처음으로 뷔페식당에 간 기억이 난다. 어린 나는 그렇게 많은 맛있는 음식들을 내 마음대로 가져다 먹을 수 있다는 것이 쉽게 이해가 되지 않았다. 나는 내가 원하는 음식을 모두 먹을 수는 있지만 그 모든 음식을 다 먹을 수는 없다는 사실을 곧 깨달았다. 여기서 조금씩, 저기서 조금씩 먹어야 했기 때문에 선택이 필요했다. 하나님의 말씀도 뷔페와 비슷하다. 하나님의 자녀들이 영혼을 살찌우는 데 필요한 영적 자양분들이 무한정 널려져 있다. 하나님의 말씀에 다가가는 것은 곧 묵상의 원천에 다가가는 것과 같다. 모든 묵상의 생각들이 이 원천으로부터 흘러나와야 한다. 그 샘물의 물을 즉시 한꺼번에 다 마실 수는 없지만 신선한 물 한 컵을 만족스럽게 음미할 수는 있다. 청교도는 성경이 마치 수확기를 앞둔 잘 익은 과실들로 가득한 들판처럼 신자들의 영혼을 유익하게 하기 위한 광대하고, 막대한 지식을 간직하고 있다고 생각했다. 나다나엘 래뉴는 묵상을 위한 수많은 성경의 주제들을 열거했다. 그는 그것들이 "진기한 산해진미를 가득 차려 놓은 연회"와 같다고 말했다.[1] 리처드 백스터는 "묵상의 영역은 넓다. 성경에는 깊이 생각해야 할 대상들, 곧 주제들과 구절들과 용어들이 많다."라고 말했다.[2] 지당한 말이다. 수억 개의 은하계를 창조하신 영원한 하나님이 성경의 저자이시다. 따라서 하나님의 기록된 말씀에서 그런 광대함을 발견하기를 기대하는 것은 너무나도 당연하다. 성경에는 학자도 다 헤아리기 어려울 만큼 심오한 진리들은 물론, 어린아이도 어렵지 않게 이해할 수 있을 만큼 단순한 진리들도 간직되어 있다.

다윗은 시편 119편 96절에서 "내가 보니 모든 완전한 것이 다 끝이 있어도 주의 계명들은 심히 넓으니이다"라고 말했다. 하나님의 말씀은 놀랍도록 광대하기 때문에 항목별로, 주제별로 하나씩 차근차근 진행하면서 수확을 거두는 법을 배워야 한다. 그래야만 말씀의 유익이 신자의 사고와 경험 속에 녹아들게 할 수 있다. 하나님의 자녀는 음식을 한꺼번에 다 집어삼키기보다 한입 크기로 조금씩 베어 먹는 법을 알아야 한다. 리처드 그린햄은 "한 번에 한 가지씩 묵상하라."라고 조언했다.[3] 신자는 한 번에 한 가지 주제를 묵상해야 할 뿐 아니라 일반적인 진리보다는 구체적인 진리를 생각해야

---

1. Ranew, *Solitude Improved*, 211.

2. Baxter, *Everlasting Rest*, 553.

3. Greenham, "Grave Counsels and Godly Concerns," 40.

한다. 예를 들어 하늘나라를 전체적으로 생각하는 것은 무리일 테지만 하늘에 있는 하나님의 보좌를 묵상하는 것은 얼마든지 가능하다. 다른 비유를 사용해 표현하면 하나님의 말씀은 깊이 묻혀 있어 아직 발굴되지 않은 다이아몬드 광산만큼이나 풍부한 진리를 간직하고 있다. 이 보화를 발견하려면 한 부분씩 살펴봐야 한다. 신자는 묵상하기에 적절한 주제를 선택하는 방법을 알아야 할 필요가 있다. 이번 장에서는 매일의 묵상에 적합한 주제를 선택하는 방법을 잠시 살펴볼 생각이다.

묵상에 적합한 성경적인 주제를 선택하기

성경 말씀은 무엇이든 다 보배롭고, 신자를 온전하게 하는 데 유익하다(딤후 3:16, 17). 그러나 상황에 따라 좀 더 적합한 구절과 주제들이 있기 마련이다. 예를 들어 경건한 아내가 세상을 떠났을 때는 부부간의 사랑의 기쁨보다는 하늘나라를 묵상하는 것이 더 유익하다. 솔로몬은 "경우에 합당한 말은 아로새긴 은쟁반에 금사과니라"(잠 25:11)라고 말했다. 에드먼드 캘러미는 묵상의 올바른 주제를 선택하는 데 매우 유익한 규칙을 몇 가지 제시했다.[4] 1) **간단한 주제를 선택하라.** 처음에는 삼위일체나 위격적 연합과 같은 주제보다는 예수님의 사랑과 그분의 십자가의 죽음과 같이 묵상하기 간편한 주제를

---

4. Calamy, *Divine Meditation*, 158 – 70.

선택하라. 2) **균형을 유지하라.** 한 가지 주제에만 매달리지 말고, 다양한 주제를 묵상하라. 3) **유익한 주제를 선택하라.** 심령의 거룩함과 경건함을 독려하는 것을 묵상하라. 4) **적합한 주제를 선택하라.** 자신의 현재 상황에 가장 적합한 주제를 묵상하라.[5]

토머스 화이트의 말은 청교도가 올바른 주제를 선택할 때 무엇을 가장 먼저 고려했는지를 분명하게 보여준다. 그는 유연성 있게 개인의 현재 상황에 적합한 주제를 선택해야 한다고 말했다. 이것이 화이트가 묵상의 주제를 선택할 때 적용했던 첫 번째 원칙이었다. 그는 "하나님이 베푸신 섭리에 가장 적합한 것"을 선택하라고 조언했다.[6] 토머스 맨튼은 "선한 것을 생각하는 것만으로는 충분하지 않고, 시기적절한 것을 생각해야 한다. 때와 장소에 맞지 않는 것은 효력과 효과를 발휘할 수 없다."라고 말했다.[7] 예를 들어 죄의 유혹을 느낄 때는 요셉이 보디발의 아내에게 했던 대로 하는 것이 적절하다. 그런 경우에는 성적 부도덕이 거룩하고, 은혜로우신 하나님 앞에서 얼마나 극악한 죄인가를 묵상해야 한다. 청교도는 "현재의 심령 상태에 부합하거나…합당한 주제를" 선택해야만 믿음을 위한 싸움에서 승리하는 데 필요한 구체적이면서도 실질적인 도움을 얻

---

5. 캘러미는 의사가 구체적인 증상에 근거해 올바른 약을 처방하는 것에 주목했다. 따라서 마음이 괴롭거나 낙심이 될 때는 그리스도께서 신자를 절대 버리지 않고, 기꺼이 도우신다는 사실을 묵상하는 것이 해결책이 될 수 있을 것이다.

6. White, *Divine Meditation*, 85.

7. Manton, "Sermon Upon Genesis 24:53," 17:300.

을 수 있다고 생각했다.[8] 맨튼도 사변적이기보다는 유익하고, 실질적인 것을 묵상의 주제로 삼아야 한다고 말했다. "인간의 생각은 껍데기가 아니라 알곡을 갈아내는 하나님의 방앗간과 같다. 그곳에서 실질적인 주제가 밀처럼 갈려 영혼을 위한 빵이 된다. 헛된 사변을 일삼는 사람은 스스로의 생각을 잘못 사용하는 것이다."[9] 빌헬무스 아 브라켈은 "이미 알고 있던 것을" 묵상의 주제로 삼으라고 조언했다.[10] 이 말은 개인적인 묵상이 무엇을 새로 탐구하는 시간이 아니라 이미 어느 정도 알고 있는 것을 실천적인 관점에서 바라보며 생각하는 시간이라는 뜻이다. 묵상의 주제를 선택하는 데 도움이 되는 원칙을 몇 가지 나열하면 다음과 같다.

- 한 번에 한 가지씩 묵상하되 주제를 다양하게 선택하라.
- 자신의 심령 상태와 삶의 상황에 적합한 주제를 선택하라.
- 실질적으로 유익을 줄 수 있고, 개인적인 경건을 독려할 수 있는 익숙한 주제를 선택하라.

청교도 묵상의 방대한 주제

일반적으로 말하면 성경의 장과 절은 모두 묵상에 적합한 소재가

---

8. Bates, "On Divine Meditation," 3:140.

9. Manton, "Sermon Upon Genesis 24:53," 17:300.

10. a Brakel, "Spiritual Meditation," 4:27.

될 수 있다. 청교도가 다루었던 묵상의 주제에는 조직신학의 주요 교리들이 모두 포함되었다. 조엘 비키와 마크 존스는《청교도 신학》에서 청교도가 묵상의 주제로 삼았던 방대한 자료를 열거했다.[11] 나도 직접 묵상의 주제를 연구해 보니 성령, 시련의 유익, 그리스도의 인격, 그리스도의 고난, 은혜의 수단, 시대의 오류, 거룩함의 아름다움, 복음, 마귀, 신자의 특권 등 그 범위가 참으로 방대했다. 청교도가 가르친 묵상의 주제는 그것만으로도 한 권의 책을 쓰기에 충분할 만큼 많다. 그러나 청교도가 다른 주제들보다 좀 더 힘써 강조했던 주제들이 있었다. 예를 들면 인간의 죄, 하나님의 영광, 영원(죽음, 심판, 천국, 지옥)이다. 이 묵상의 주제들을 하나씩 살펴보면 다음과 같다.

죄를 묵상하라(죄를 극복하기 위한 묵상)

청교도는 죄를 묵상하는 데 많은 시간을 할애했다. 특히 존 볼, 토머스 맨튼, 토머스 후커는 죄를 묵상하는 방법을 매우 자세하게 설명했다.[12] 청교도는 신자들에게 죄의 본질과 관련된 다양한 측면을 묵상하라고 권고했다.

1) **죄의 끔찍하고, 가증스러운 본질에 대한 묵상.** 학개서 1장 5절

---

11. Joel R. Beeke and Mark Jones, *A Puritan Doctrine for Life* (Grand Rapids: Reformation Heritage Books, 2012), 900-90. 두 저자의 목록은 개혁파 조직신학의 전통적인 순서에 따라 개개의 교리를 중심으로 묵상의 주제를 나열하고 있다.

12. Ball, *Divine Meditation*, 228-56; Manton, "Sermon Upon Genesis 24:53," 17:314-31; and Hooker, *Application of Redemption*, 154-207.

은 "그러므로 이제 만군의 여호와가 이같이 말하노니 너희는 너희의 행위를 살필지니라"라고 말씀한다. 또한 시편 119편 59절은 "내가 내 행위를 생각하고 주의 증거들을 향하여 발길을 돌이켰사오며"라고 말씀한다. 이 성경 구절들은 신자에게 스스로의 행위와 죄를 주의 깊게 살펴 정직하게 고백하고, 슬피 뉘우치며, 죄를 미워하고, 죄로부터 도망치라고 가르친다. 인간은 심히 타락한 상태이기 때문에 끊임없이 변명을 내세우기에 급급하다. 우리는 우리의 죄를 단순한 실수나 잘못이나 부주의로 생각하기를 좋아한다. 우리는 "완전한 사람은 아무도 없다."고 주장한다. 우리는 죄의 참된 실상을 보지 않으려고 하기 때문에 우리 자신을 이롭게 하지 못하고, 죄가 아무런 저지도 받지 않고서 계속 위력을 떨치게 만든다. 암에 걸린 사람이 삶의 고통에 시달리고 있다는 말만 하고 자신의 질병이 얼마나 심각하고, 무서운 것인지를 인정하지 않으면, 그것의 파괴적인 영향을 저지할 수 있는 치료법을 찾으려고 노력하기가 어렵다. 그와 마찬가지로 죄의 끔찍하고, 가증스러운 본질을 깨닫지 못하면 최선을 다해 그것을 물리치려고 노력할 수 없다. 맨튼은 "죄의 해악을 깨닫지 못하면 한 방울의 눈물도 흘리기가 어렵고, 진정 어린 탄식을 토해내기도 어렵다. 그러나 일단 깨달음을 얻으면 마음이 움직이기 시작한다."라고 말했다.[13] 예를 들어 부도덕한 웹사이트를 보면서 죄책감이 느껴져 거북한데도 그 죄를 버리지 못하는 이유는

---

13. Manton, "Sermon Upon Genesis 24:53," 17:314.

하나님이 그런 행위를 사악한 간음이자 고삐 풀린 정욕으로 간주하신다는 것을 깨닫지 못하기 때문이다. 청교도는 신자가 죄를 경시하지 않기를 바랐기 때문에 하나님이 성경을 통해 죄를 어떻게 묘사하고 계시는지를 묵상하라고 권고했다. 칼빈은 "인간이 충분한 감화와 감동을 받으려면 자기 자신을 엄위하신 하나님과 비교함으로써 스스로의 비천한 상태를 깨달아야 한다."라고 말했다.[14]

아일랜드 목회자 제임스 어셔는 죄의 끔찍한 본질을 옳게 이해하려면 우리가 거역한 하나님을 생각하는 데서부터 시작해야 한다고 설명했다. 그는 "내가 가진 것은 무엇이든 모두 하나님에게서 온 것이다…하나님을 배반한 나는 내가 딛고 다니는 땅보다 더 비천한 벌레와 조금도 다르지 않다. 그런 행위를 저지르는 나는 하나님과 싸우고, 나의 창조주와 다투려는 지극히 하찮은 경쟁자가 아닐 수 없다. 우리 자신의 비천함과 사악함을 더욱 절실히 깨달을수록 죄가 더욱더 추악하게 보인다."라고 말했다.[15] 신자가 종종 악한 행위를 지속하는 이유는 죄의 역겹고, 가증스러운 면을 생각하지 못하기 때문이다. 자신의 행위를 바르게 생각하려면 신자는 죄의 참된 본질을 생각함으로써 깨우침을 얻어야 한다. 죄는 상하고, 더럽고, 부패한 쓰레기와 같은 행위를 마음껏 즐기면서 사랑스러운 구주의 얼굴에 침을 뱉는다. 올리버 헤이우드는 "죄가 얼마나 유해하

---

14. Yuille, *Puritan Spirituality*, 201.

15. Ussher, *Meditation*, 108 - 9.

고, 무섭고, 극악무도한지 깊이 생각해 보라. 죄는 모든 악의 원천으로 마귀보다 더 악하다. 땅에 기어 다니는 가장 혐오스러운 피조물도 죄와 비교하면 너무나도 선하기만 하다."라고 가르쳤다.[16] 뉴잉글랜드 청교도 토머스 후커도 "악한 행위의 발생과 기원, 곧 그 원천을 내적으로 깊이 살펴라. 그렇지 않으면 부패의 근원지에 다가갈 수도 없고, 정욕의 역겨움이 어디에 도사리고 있는지도 알 수 없다."라고 말했다.[17] 어셔는 죄를 천연두와 같은 끔찍한 질병에 걸린 아름다운 여인에 빗대었다. 그는 "모든 죄가 더러운 오물을 남긴다. 아마도 그토록 더러운 것은 상상하기조차 불가능할 것이다…죄는 영혼을 더럽힌다. 죄는 가증스럽고, 추잡스럽다."라고 말했다.[18] 하나님의 백성은 그와 같이 죄를 깊이 혐오해야 한다. 묵상은 죄를 죽일 수 있는 탄환을 총에 장전하는 역할을 한다. 어떤 사람들은 자신의 어두운 죄를 부패한 사회나 불우한 성장 과정과 같은 외부적인 요인의 탓으로 돌린다. 죄를 묵상하면 스스로의 사악한 마음이 문제라는 것을 깨달을 수 있다. 따라서 죄를 묵상하면 죄인인 우리 자신 안에서 구원을 발견할 수 없고, 오직 값없이 주어지는 그리스도의 죄 사함의 은혜를 통해서만 구원받을 수 있다고 인정하지 않을 수 없다.

---

16. Heywood, "Concerning Meditation," 2:258.

17. Hooker, *Application of Redemption*, 184.

18. Ussher, *Meditation*, 123.

2) **죄의 어리석음과 결과에 대한 묵상.** 죄를 극복하는 두 번째 방법은 죄의 어리석음과 불행과 우둔함과 영원한 결과를 묵상하는 것이다. 맨튼은 "인간이 그토록 담대하게 죄를 감행하는 이유는 그 위험성을 모르기 때문이다."라고 말했다.[19] 조지 스윈녹은 "오, 나의 주권자를 거역하는 배신자를 마음속에 품고 있는 나는 그 얼마나 비참한 존재인가! 그런 독사를 가슴에 품고 있는 나는 그 얼마나 어리석은가!"라고 탄식했다.[20] 스티븐 율리는 "스윈녹은 거듭난 신자가 죄를 죽이려면 묵상에서부터 시작해야 한다고 굳게 믿었다."라고 결론지었다.[21] 스윈녹은 죄의 어리석음을 묵상하는 이유는 "죄를 애통해하고, 부끄럽게 여기며, 죄에 대한 증오심을 불태우기 위해서다."라고 말했다.[22] 백스터는 《건전한 회심을 위한 지침》에서 신자는 죄로 인해 초래되는 헛된 낭비를 묵상해야 한다고 가르쳤다. 그는 "오, 우리가 헛되이 흘려보낸 시간, 무시해버린 수단과 도움, 거부해버린 제안들이 그 얼마나 많은가!"라고 탄식했다.[23] 맨튼은 하나님의 크고, 은혜로운 사랑을 거부한 것을 죄의 가장 큰 어리석음으로 간주했다.[24]

19. Manton, "Sermon Upon Genesis 24:53," 315.

20. Swinnock, *The Christian Man's Calling*, 2:247.

21. Yuille, *Puritan Spirituality*, 212.

22. Swinnock, *The Christian Man's Calling*, 2:247.

23. Baxter, *Directions to a Sound Conversion*, 545.

24. Manton, "Sermon Upon Genesis 24:53," 17:329.

신자가 종종 죄를 짓는 이유는 죄의 일시적인 유익만 크게 보고, 그 결과는 작게 보기 때문이다. 묵상은 그런 왜곡된 생각을 완전히 거꾸로 뒤집어놓는다. 묵상은 하나님의 자녀에게 영원히 지속되는 죄의 끔찍하고, 고통스러운 결과를 상기시킨다. 어셔는 죄를 묵상하면 죄가 어떻게 인간을 오염시키고, 하나님으로부터 소외시키는지를 생각할 수 있다고 설명했다. 죄는 하나님의 저주를 불러 지옥에 가게 만든다. 죄는 인간을 마귀의 노예로 넘겨주고, 죄를 지은 당사자와 관련된 다른 여러 관계에 하나님의 징벌이 임하게 만든다.[25] 토머스 후커는 죄가 피 묻은 발자국을 남기는 곳마다 어떤 폐해가 일어나는지를 생각하라고 말했다. 죄는 죄를 지은 당사자만이 아니라 그와 관련된 모든 관계에 해악을 끼친다.[26] 맨튼은 죄를 묵상할 때는 죄로 인한 속박을 생각해야 한다고 덧붙였다. 그는 "사악한 감정에 지배되고, 교만의 노예가 되어 정욕과 육신적인 쾌락을 지겹도록 즐길 셈인가? 죄는 현세와 내세에서 죄인을 속박한다. 현세에서는 허무함의 줄로 속박하고, 내세에서는 어둠의 사슬로 속박한다."라고 말했다.[27] 볼은 "오, 나의 영혼이여! 죄의 결과를 깊이 생각하라. 이 샘의 물은 쓰고, 이 나무의 열매는 아무 맛도 없다. 죄는 불법의 씨를 뿌리고, 허무함을 수확한다."라고 말했다.[28] 토머스 왓슨

---

25. Ussher, *Meditation*, 136, 125, 140, 145, respectively.

26. Hooker, *Application of Redemption*, 185, 189.

27. Manton, "Sermon Upon Genesis 24:53," 17:322.

28. Ball, *Divine Meditation*, 235.

도 "이 (죄의) 저주를 묵상하면 죄를 품고 있고…죄를 환대하는 것이 두렵게 느껴진다. 치명적인 전염병을 앓고 있는 사람을 집안에 들여 환대할 사람은 아무도 없을 것이다. 죄는 하나님의 저주를 몰고 온다. 그 저주는 전염병처럼 죄인을 끈덕지게 괴롭힌다. 이런 사실을 묵상하면 죄로부터 멀리 도망치게 될 것이다."라고 지혜롭게 말했다.[29]

3) **특별한 죄의 유혹을 극복하는 데 필요한 주제들에 대한 묵상.** 자신의 죄를 생각하기를 싫어하는 사람들이 많다. 그러나 왓슨은 각자 자신의 가장 으뜸 되는 죄를 묵상하라고 권하면서 "만일 가장 으뜸 되는 죄가 교만이라면 교만을 물리치라고 말씀하는 성경 구절을 선택해서 묵상하라."고 조언했다.[30] 맨튼도 "우리 안에는 죄의 바다가 존재한다…죄는 문둥병처럼 우리에게 들러붙어 있다…교만을 물리치려면 이런 사실을 묵상해야 한다."라고 말했다.[31] 교만은 독립적으로 자충족적일 수 있다는 생각에서 비롯하기 때문에 헨리 스쿠걸은 "겸손은 우리의 실패를 생각하는 데서 비롯한다."라고 지혜롭게 말했다.[32] 이것이 윌리엄 페너가 학개서 1장 5절("너희의 행위

---

29. Watson, *Christian on the Mount*, 43.

30. White, *Divine Meditation*, 84.

31. Watson, *Heaven Taken by Storm*, 24.

32. Henry Scougal, *The Life of God in the Soul of Man*, in *The Works of the Rev. Henry Scougal*, ed. Don Kistler (Morgan, Pa.: Soli Deo Gloria, 2002), 71‒72.

를 살필지니라")을 핵심 본문으로 삼아 묵상에 관한 책을 저술한 이유다.[33]

신자들은 각자의 방식대로 죄를 짓기 때문에 청교도는 개인의 독특한 죄의 습관을 구체적으로 다루는 성경 말씀을 묵상해야 한다고 가르쳤다. 토머스 후커는 이 점에서 많은 신자가 실수를 저지르는 이유는 "말씀의 권위와 그리스도의 능력과 은혜의 도움에 의지해 죄에 맞서 싸우려고 하지 않기 때문이다. 곧 죄를 찾아내어 정복하려고 하지 않기 때문이다."라고 설명했다.[34] 화이트는 죄의 더러움을 묵상했던 요셉을 근거로 들어 "각자 자신의 유혹에 적합한 성경 말씀을 묵상하라."라고 말했다.[35] 래뉴는 이를 아래와 같이 설명했다.

나를 가장 크게 괴롭히는 죄와 부패한 행위, 곧 자아와 악한 이기심으로부터 나오는 것이 나의 마음으로부터 흘러나와 그리스도께서 은혜로 만들어 주신 제방에 균열을 만든다…나는 특히 이 죄를 날마다 생각함으로써 그것이 어느 때라도 나를 침범하지 못하게 해야 한다. 나는 이 죄를 좀 더 면밀하게 살펴 경계하고, 그것과 더불어 싸움으로써 그로 인한 부패가 확산되어 내 마음속에 침투하지 못하도록 힘써 저지하고, 죽여 없애야 한다. 이 죄를 충분히 생각하

33. Fenner, *Divine Meditation*, 1.

34. Hooker, *Application of Redemption*, 183.

35. White, *Divine Meditation*, 87.

면 그것을 옳게 극복하고, 치료해 나가려는 노력을 기울일 수 있을 것이다.[36]

바울은 "사람이 감당할 시험 밖에는 너희가 당한 것이 없나니 오직 하나님은 미쁘사 너희가 감당하지 못할 시험 당함을 허락하지 아니하시고 시험 당할 즈음에 또한 피할 길을 내사 너희로 능히 감당하게 하시느니라"(고전 10:13)라는 말로 신자들에게 죄에 맞서 싸우라고 권고했다. 특정한 죄에 대한 성경 말씀을 묵상하는 것은 죄의 유혹을 피할 수 있는 가장 좋은 방법 가운데 하나다.

하나님을 묵상하라(은혜와 도움을 발견하기 위한 묵상)

청교도는 또한 끊임없이 하나님을 묵상했다. 그들은 하나님의 본성의 다양한 측면을 생각하라고 권고했다. 나다나엘 래뉴와[37] 리처드 백스터를[38] 비롯해 많은 청교도가 하나님의 본성이 묵상의 가장 중요하고, 첫째가는 주제라고 주장했다. 신자의 마음과 영혼을 넓혀 묵상하게 만드는 데는 하나님의 인격이라는 왕관에 박힌 아름다운 보석들을 하나씩 생각하는 것보다 더 좋은 것이 없다.

1) **하나님의 영광스러운 본성에 대한 묵상.** 시편 145편 5절("주의 존귀하고 영광스러운 위엄과 주의 기이한 일들을 나는 작은 소리로 읊조리리이다")은 하

---

36. Ranew, *Solitude Improved*, 78–79.

36. Ranew, *Solitude Improved*, 78–79.

37. Ranew, *Solitude Improved*, 63.

38. Baxter, *Directions to a Sound Conversion*, 543.

나님의 자녀들에게 그분의 인격과 사역을 묵상하라고 가르친다. 세상을 사랑하는 사람들은 돈과 육신의 정욕이라는 우상의 본성을 탐구하지만, 하나님의 백성은 그들의 보화이자 분깃인 만군의 주 하나님을 생각하기를 좋아한다. 올리버 헤이우드는 "하나님의 무한하고, 영원하고, 불가해한 위엄을 생각하라. 그러면 하나님의 복된 본성이라는 광대한 바다에 들어갈 수 있을 것이다. 그러나 너무 멀리 가지는 말고, 생각을 성경이 정한 한계 내에 국한시켜야 한다."라고 말했다.[39] 헨리 스쿠걸은 "하나님을 생각하면 우리 자신을 가장 크게 낮춰 생각할 수 있다."라고 말했다.[40] 제임스 어셔는 하나님의 영광스러운 본성을 묵상할 때는 하나님이 자기충족적인 영광을 누리신다는 사실을 묵상해야 한다고 말했다. "하나님은 아무것도 필요로 하지 않으신다. 그분은 모든 사람에게 생명과 호흡을 비롯해 모든 것을 허락하신다."[41] 어셔는 모든 신자가 오직 주님만이 위대한 창조주 하나님이시라는 가장 근본적인 명제를 묵상하는 데 많은 시간을 할애해야 한다고 생각했다.[42]

윌리엄 브리지는 하나님의 본질적인 속성을 묵상한다는 것은 그분의 삼위일체적인 본성을 생각하는 것을 의미하지만 "그리스도와

---

39. Heywood, "Concerning Meditation," 2:249.

40. Scougal, *The Life of God in the Soul of Man*, 72.

41. Ussher, *Meditation*, 65.

42. Cf. Ussher, *Meditation*, 56 – 62.

동떨어져 하나님을 생각할 수는 없다."라고 말했다.[43] 이 묵상에는 하나님이 자기 백성에게 자신을 계시하시는 방법을 다양하게 묘사하는 그분의 이름들을 생각하는 것도 아울러 포함된다. 존 볼은 하나님을 묵상하는 것이 얼마나 고귀한 일인지를 정확하게 언급했다. 그는 "주님은 물질이나 형상이나 효율이나 목적이나 본질의 한계와 상관없이 무한하시다. 주님은 길이와 넓이와 깊이의 차원이 없으시다. 주님은 장소의 한계를 초월해 하늘과 땅의 모든 곳에 충만하시다. 주님은 안과 밖이 전혀 없으시다."라고 말했다.[44] 순수한 영이지만 가시적인 영광을 드러내시는 하나님을 묵상하는 것보다 신자의 마음을 거룩한 경외심으로 더 가득 채우거나 더 겸손하게 만드는 것은 어디에도 없다.

2) **하나님의 속성에 대한 묵상.** 청교도가 가르친 하나님에 대한 묵상은 대부분 하나님의 완전한 속성과 특정한 성품을 생각하는 것에 초점을 맞추었다. 청교도는 하나님의 완전한 속성들을 능력을 주는 귀한 묵상의 주제로 간주했다. 하나님의 속성에는 위대한 속성(전지하심, 전능하심, 편재하심)과 선한 속성(거룩하심, 사랑, 긍휼)이 모두 포함된다. 윌리엄 페너는 하나님의 속성 가운데 네 가지, 곧 그분의 선하심과 인내와 긍휼, 그분의 정의, 그분의 진노, 그분의 불변하심을 묵상하라고 말했다.[45] 청교도는 종종 신자들에게 "하나님의 변치

---

43. Bridge, "The Sweetness and Profitableness of Divine Meditation," 3:140.

44. Ball, *Divine Meditation*, 176.

45. Fenner, *Divine Meditation*, 12-14.

않는 무한한 사랑과 값없는 은혜의 풍성함"을 우선적으로 묵상하라고 권고했다.[46] 조지 스윈녹도 그와 비슷한 맥락에서 "우리가 꺼지지 않는 불길 이쪽 편에 거하면서 매 순간 무한히 큰 빚을 지고 살아가는 하나님의 속성 가운데 하나는 그분의 인내와 오래 참으심이다."라고 말했다.[47] 볼은 신자들에게 하나님의 사랑에 관한 모든 측면을 묵상하라고 가르쳤다. 그는 장장 20여 쪽에 걸쳐 "하나님의 사랑을 묵상하는 법"에 대해 설명했다.[48] 하나님의 백성은 낙심한 상태로 힘겹게 살아갈 때가 많다. 그러나 그리스도 안에 나타난 하나님의 사랑을 묵상하면 "주 안에서 항상 기뻐할 수" 있다(빌 4:4).

청교도는 하나님의 속성을 늘 생각하는 것보다 신자에게 더 실질적인 영향을 미치는 것은 없다고 가르쳤다. 래뉴는 하나님의 속성을 묵상하는 것을 신자에게 용기를 주는 가장 중요한 수단으로 간주했다. 그는 "하나님의 다양한 속성은 걸핏하면 지쳐 힘들어하는 경향이 있는 우리의 마음을 기쁘게 하고, 기운을 북돋운다."라고 말했다.[49] 토머스 왓슨은 하나님의 속성을 정기적으로 묵상하면 단지 명상으로 머물지 않고 삶 속에서 실질적인 효과가 발생한다고 설명했다. 예를 들어 하나님의 전지하심을 묵상하는 것은 "죄를 짓지 않게끔 저지하고, 억제하는 재갈의 역할을 한다." 하나님의 거룩하심

---

46. Ranew, *Solitude Improved*, 64.

47. Swinnock, *The Christian Man's Calling*, 2:471 –72.

48. Ball, *Divine Meditation*, 185 –206.

49. Ranew, *Solitude Improved*, 64.

을 묵상하는 것은 "하나님의 형상과 모습을 닮게 만드는 수단이 된다." 하나님의 지혜를 묵상하는 것은 "마음을 고요하고, 은혜롭게 만드는 효과를 나타낸다." 아울러 하나님의 능력은 "믿음의 굳건한 버팀목이 되고," 그분의 긍휼은 "강력한 자석처럼 죄인들을 하나님께로 끌어당겨 죄를 뉘우치게 만든다."[50] 래뉴는 하나님에 대한 사랑뿐만 아니라 경외심을 얻으려면 그분의 엄하심과 사랑을 둘 다 묵상하는 것이 유일한 방법이라고 가르쳤다.[51] 이것은 세상에 있는 모든 신자에게 적용되는 현실이다. 신자가 하나님에 대한 생각 가운데 거하면 그분의 성품을 반사하기 시작한다. 이사야서 26장 3절은 "주께서 심지가 견고한 자를 평강하고 평강하도록 지키시리니 이는 그가 주를 신뢰함이니이다"라고 가르친다.

3) **하나님의 사역과 섭리에 대한 묵상.** 시편 143편 5절은 경건한 삶을 살겠다는 다윗의 결심을 잘 보여준다. 그는 "내가 옛날을 기억하고 주의 모든 행하신 것을 읊조리며 주의 손이 행하는 일을 생각하고"라고 말했다. 참 신자는 주위에 있는 모든 것에서 하나님의 손길을 볼 수 있는 새로운 눈을 부여받았다. 삶의 모든 경험이 하나님의 은혜에 의해 통제된다. 따라서 삶의 길을 걸어가는 동안 줄곧 주님을 높이 찬양해야 마땅하다. 하나님이 사랑으로 삶의 모든 것을 다스리시는 것을 섭리로 일컫는다. 청교도는 하나님의 섭리를 늘

---

50. Watson, *Christian on the Mount*, 32–37.
51. Ranew, *Solitude Improved*, 34–35, 46–47.

묵상하라고 권고했다. 이것은 존 플라벨의 핵심 주제였다. 그는《섭리의 신비》라는 책에서 하나님의 섭리를 묵상하는 것이 신자의 의무인 이유를 일곱 가지로 나눠 제시했다.[52] 그는《바다에서 이루어진 놀라운 구원들》이라는 소책자에서 하나님의 섭리에 대한 실천적 이해를 예를 들어 설명한다. 이 책은 하나님이 다양한 난파 사건에서 선원들이 살아남을 수 있도록 도와주신 것에 대해 하나님께 영광을 돌린다.[53] 토머스 맨튼은 하나님의 섭리를 묵상에 유익한 소재들을 가득 담고 있는 포괄적인 주제로 간주했다. 주님의 섭리는 가장 세세한 삶의 현상에까지 미친다(마 10:29, 30). 그분의 섭리는 주로 선택받은 백성들 사이에서 행사되며(마 6:26), 모태에서부터 무덤에까지 영향을 미친다(시 139:12-16). 섭리의 가장 큰 목적은 하나님의 영광과 선택받은 사람들의 구원이다(롬 11:36).[54]

에드먼드 캘러미는 (고난이든 축복이든) 신자의 심령에 지속적인 영향을 미치는 사건이 매우 드물다고 지적했다. 신자들이 하나님의

---

52. John Flavel, *The Mystery of Providence*, in *The Works of John Flavel* (1820; repr., Edinburgh: Banner of Truth Trust, 1968), 4:413-16. 그가 제시한 일곱 가지 이유는 다음과 같다. 1) 하나님이 이 의무를 분명하게 명령하셨다. 2) 이 의무를 소홀히 하는 것은 죄다. 3) 이것이 성경이 하나님의 섭리로 인해 이루어진 일들을 언급하는 이유다. 4) 그런 일들을 잘 살피지 않으면 그와 관련해서 하나님을 찬양할 사람이 아무도 없다. 5) 그런 일들을 잘 살피지 않으면 아직 태어나지 않은 사람들이 하나님의 길을 이해하고자 할 때 그로 인한 유익과 도움을 받기가 불가능하다. 6) 그런 일들을 잘 살피지 않는 것은 곧 하나님의 길을 경시하는 것이다. 7) 자신의 삶 속에 나타난 하나님의 길을 잘 살피지 않으면 올바른 기도를 드릴 수 없다.

53. Flavel, *Wonderful Sea Deliverances*, 4:497 – 515.

54. Manton, "Sermon Upon Genesis 24:53", 17:345-47. 맨튼은 매우 뛰어난 아홉 가지 요점을 제시했다.

섭리를 묵상하지 않기 때문이다.[55] 그로 인해 하나님이 자신의 이름에 합당한 영광을 받으시지 못하고, 신자들이 모든 일이 하나님의 뜻대로 결정된다는 진리(엡 1:11)를 실감하지 못하는 결과가 발생한다. 왓슨은 신자들에게 각자 자신의 경험을 묵상하라고 가르쳤다. 그렇게 하면 하나님께 감사할 수 있고, 순종할 수 있을 뿐 아니라 그분이 엄한 주인이 아니시라는 확신을 가질 수 있고, 더 나아가서는 그분의 은혜를 다른 사람들에게 기꺼이 전할 수 있다.[56] 브리지는 "하나님의 섭리를 묵상하고 생각하면 불신의 생각으로 인한 고통을 극복하는 데 큰 도움이 된다. 따라서 이 점에 있어서 하나님을 묵상하는 것은 참으로 은혜로운 일이 아닐 수 없다."라고 말했다.[57] 헤이우드도 "섭리의 영광스러운 사역을 생각하라. 오, 그 사역은 진정 은혜롭기 그지없다…오, 만사를 이루는 섭리의 협력을 통해 모든 것이 하나로 결합되고, 서로 조화롭게 짜이고 엮여 만물의 웅대한 목적, 곧 '하나님의 영광'을 향해 하나로 집결되는구나!"라고 감탄해 마지않았다.[58] 주님은 자기 백성에게 진정 크나큰 축복이 아니실 수 없다. 따라서 어떤 경우에든 항상 하나님을 생각하는 것이 마땅하지 않겠는가?

---

55. Calamy, *Divine Meditation*, 34–37.

56. Watson, *Christian on the Mount*, 60–64.

57. Bridge, "The Sweetness and Profitableness of Divine Meditation," 3:128–29.

58. Heywood, "Concerning Meditation," 2:252–53.

영원을 묵상하라

성령의 뜻에 순종하지 않는 탓에 세속적인 관점에서 삶을 바라보는 그리스도인들이 많다. 성경은 "우리가 주목하는 것은 보이는 것이 아니요 보이지 않는 것이니 보이는 것은 잠깐이요 보이지 않는 것은 영원함이라"(고후 4:18)라고 말씀한다. 타락한 인간은 죽음을 경험하지 않고 세상에서 영원히 살 것처럼 생각하고, 인간의 마음을 심판하시는 하나님께 대해 아무런 책임도 없는 것처럼 행동하는 경향이 있다. 청교도는 영원, 구체적으로는 죽음과 심판과 천국과 지옥을 묵상함으로써 이런 경솔한 태도를 극복하려고 노력했다.

청교도는 "우리에게 우리 날 계수함을 가르치사 지혜로운 마음을 얻게 하소서"(시 90:12)라는 기도를 본받으려고 힘썼다. 아이작 암브로스는 영원을 묵상하는 법을 설명하는 데 15쪽의 지면을 할애했다. 그는 "영원이라는 용어가 내 가슴 속에 깊이 아로새겨졌으면 좋겠다. 쾌락이 유혹의 손짓을 하고, 정욕이 솟구치고, 육신이 반기를 들고, 정신이 올바로 기능하지 않을 때 그것을 깊이 생각했으면 참으로 좋겠다."라고 부르짖었다.[59] 올리버 헤이우드도 "오, 나의 영혼이여!…영원을 생각하라…일순간의 감각적인 쾌락 때문에 영원한 행복을 잃는다면 그 얼마나 비참하고, 어리석은 일이겠는가!"라고 외쳤다.[60] 토머스 왓슨은 "영원을 묵상하면 우리가 하는 일을 매

---

59. Ambrose, *Middle Things*, 146. Cf. also pp. 142 –55.

60. Heywood, "Concerning Meditation," 2:266.

우 진지하게 받아들이게 되고…영원을 묵상하면 현재의 세상적인 일들을 덧없이 사라지게 될 것으로 여기게 될 것이다…영원을 생각하는 사람은 일시적인 죄의 쾌락을 경멸할 것이다."라고 결론지었다.[61]

1) **죽음의 확실성에 대한 묵상**. 전도자는 "초상집에 가는 것이 잔칫집에 가는 것보다 나으니 모든 사람의 끝이 이와 같이 됨이라 산 자는 이것을 그의 마음에 둘지어다"(전 7:2)라고 말했다. 이런 성경 구절들은 하나님의 백성에게 인생의 짧음과 죽음의 확실성을 생각하라고 권고한다. 그런 생각을 하면 삶이 정화되고, 삶의 우선순위가 옳게 결정된다. 죽음에 대한 묵상은 청교도 신앙 도서의 주요 주제 가운데 하나였다.[62] 제임스 더햄은 《주님 안에서 죽는 자들의 복된 죽음》이라는 책에서 "죽음은 묵상에 적합한 주제다"를 장 제목으로 삼아 글을 썼다.[63] 그는 "죽음을 생각하지 않는 사람들은 많은 문제를 안고 있다. 그들은 샘의 근원을 마다하고 웅덩이를 찾는다. 죽음을 진지하게 묵상해야만 그런 것들의 허무함과 공허함을 깨달을 수 있다."라고 말했다.[64] 에드먼드 캘러미는 "사람들이 죽음을 준비하

61. Watson, *Christian on the Mount*, 60.

62. Hall, "Art of Meditation," 109 – 8 and Ranew, *Solitude Improved*, 93 – 100.

63. James Durham, *The Blessed Death of Those Who Die in the Lord*, ed. Don Kistler (Morgan, Pa.: Soli Deo Gloria, 2003), 95 – 111.

64. Durham, *Blessed Death*, 100 – 101.

지 않는 이유는 무엇일까? 그 이유는 그들이 인생의 짧음을 생각하지 않기 때문이다."라고 말했다.[65]

그렇다면 신자는 죽음과 관련해 어떤 주제들을 묵상해야 할까? 왓슨은 죽음의 네 가지 측면을 묵상의 주제로 제시했다. (1) 죽음의 확실성(히 9:27), (2) 죽음의 가까움(시 39:5), (3) 죽음의 불확실성. "오늘은 솜털 베개를 베고 누웠을지라도 내일은 흙 베개를 베고 눕게 될지도 모른다." (4) 사후 운명의 영원불변성(전 9:10).[66] 캘러미는 인간은 죽을 수밖에 없는 존재이기 때문에 늘 죽음을 예상하며 살아야 한다고 조언했다. 그는 "죽음에 대한 노예적인 두려움을 극복하기 위해 특별히 묵상해야 한다."라고 말했다.[67] 신자는 의기소침하기보다는 긍정적인 태도로 "성경의 관점에서 죽음을 바라보고…죽음을 감옥 같은 현 세상에서 벗어나 궁궐 같은 천국에 가는 것으로 간주해야 한다."[68]

현대인들은 죽음을 회피하고, 그 현실을 감추기를 원하지만 청교도는 모든 사람을 평등하게 만드는 죽음을 생각하면 매우 큰 유익을 얻을 수 있다고 가르쳤다. 첫째, 죽음을 묵상하면 영적인 일을 더이상 미루지 않고, 준비를 갖추는 데 도움이 된다. 헤이우드는 "가엾은 영혼이여, 너의 시간이 다하면 네 일을 더는 할 수 없다는 것

---

65. Calamy, *Divine Meditation*, 39.

66. Watson, *Christian on the Mount*, 52.

67. Calamy, *Divine Meditation*, 123.

68. Calamy, *Divine Meditation*, 123.

을 명심하라…늘 오늘이 마지막이라고 생각하고, 회개를 미루지 말고 하나님과 화평하라. 그래야만 그분에게 속해 평화를 누릴 것이다."라고 말했다.[69] 둘째, 죽음을 묵상하면 이생의 삶을 자랑하는 마음을 버릴 수 있다. 머지않아 흙으로 돌아갈 텐데 일시적인 것들을 자랑해야 할 이유가 무엇인가? 셋째, 죽음을 묵상하면 죄와 싸우며 더욱 거룩해질 수 있다. 왓슨은 "오늘 죄를 짓다가 내일 죽을 수도 있지 않겠는가?…죽음을 항상 소지하고 다니는 책처럼 여겨 늘 생각하라. 죄가 유혹하면 그 책을 꺼내 읽어라. 그러면 죄가 사라질 것이다."라고 말했다.[70]

2) **하나님의 확실한 심판에 대한 묵상.** 히브리서 9장 27절은 "한 번 죽는 것은 사람에게 정해진 것이요 그 후에는 심판이 있으리니"라고 분명하게 말씀한다. 바울은 "이는 우리가 다 반드시 그리스도의 심판대 앞에 나타나게 되어 각각 선악간에 그 몸으로 행한 것을 따라 받으려 함이라"(고후 5:10)라는 말로 하나님을 기쁘시게 하는 것을 자기 삶의 목적으로 삼은 이유를 설명했다. 현대인들은 심판하시는 하나님을 시대착오적인 개념으로 생각한다. 현대인들은 하늘의 재판관이 인간의 행위를 지켜보고 있다고 믿지 않는다. 그러나 신자는 하나님 앞에서 모든 것을 이실직고하게 될 심판의 날을 생

---

69. Heywood, "Concerning Meditation," 2:262-63.

70. Watson, *Christian on the Mount*, 53.

각하며 준비해야 한다. 조지 스윈녹은 "경건에 이르는 훈련을 하려면 심판의 날을 많이 묵상하라. 그러면 항상 마지막 나팔 소리를 듣는 사람처럼 되어 최적의 전투태세를 갖출 수 있을 것이다."라고 적절하게 묘사했다.[71] 스윈녹은 그렇게 말하고 나서 신자가 심판과 관련해 생각할 수 있는 주제들을 몇 가지 제시했다(재판관의 거룩하심, 심판의 엄격함, 선고의 엄중함, 경건한 사람의 행복, 죄인의 불행).[72] 헤이우드는 "엄숙한 심판의 날을…생각하라."고 권고했다. 위대한 심판의 날에 펼쳐질 장엄한 사건들을 마음속으로 그려보라.[73]

심판의 날을 묵상함으로써 얻는 유익은 무엇일까? 왓슨은 심판의 날을 묵상하면 "우리의 행위를 엄중히 평가할 수 있을 뿐 아니라" 사람들에게 인정받는 것보다 하나님이 어떻게 생각하시느냐에 관심을 집중할 수 있다고 가르쳤다.[74] 캘러미는 "우리가 한 무익한 말들과 나태한 생각들에 대해 책임을 져야 할 날이 올 것이다. 그날에는 우리의 은밀한 죄가 여실히 드러날 것이다."라고 말했다.[75] 진정으로 중요한 문제, 즉 하나님 앞에 섰을 때 재판관이신 그분이 나를 어떻게 바라보실지 묵상하면 자기도취, 명예, 인기 따위를 생각하려는 마음을 물리칠 수 있다. 그날에는 깜짝 놀라게 될 사람들이

---

71. Swinnock, *A Christian Man's Calling*, 3:131.

72. See Swinnock, *A Christian Man's Calling*, 3:133 – 39.

73. Heywood, "Concerning Meditation," 2:263.

74. Watson, *Christian on the Mount*, 54.

75. Calamy, *Divine Meditation*, 124.

셀 수 없이 많을 것이다. 세상에서 유명했던 많은 사람이 자신을 옹호해 줄 사람을 단 한 사람도 찾지 못할 것이다. 그러나 이름도, 빛도 없이 충실하게 섬겼던 겸손한 신자들은 "잘하였도다 착하고 충성된 종아"(마 25:21)라는 말씀을 듣게 될 것이다. 스윈녹은 《그리스도인의 소명》이라는 책에서 심판의 날을 묵상함으로써 얻는 가장 큰 유익은 자기 성찰이라고 가르쳤다. 그는 이렇게 말했다.

날마다 하나님을 생각하며 그분을 따르고, 그분과 가까이 동행하려면 우리 자신을 엄격하게 살펴야 한다. 나는 무엇을 하는가? 나는 어떻게 사는가? 나는 누구인가? 내가 하는 일이 성경에 부합하는가 아닌가? 거룩하고, 믿음 있는 삶을 살고 있는가?…드러난 죄와 은밀한 죄를 모두 진지하게 생각하라…받은 은혜를 매일 생각하며 자신을 향해 "내가 하나님께 얼마나 많은 빚을 지고 있는가?" 물어라.[76]

3) **천국의 영광에 대한 묵상**. 나는 약 20년 전에 러시아 여행을 다녀온 적이 있다. 그곳에서 나는 공산주의 정권 아래에서 박해를 받던 신자들을 만났다. 우리는 주님을 사랑하고, 그분의 말씀을 읽고, 그분의 십자가 사역을 기뻐하는 등, 서로 비슷한 점이 많았다. 그러나 그들과 우리 사이에는 한 가지 큰 차이가 있었다. 즉 미국의 그

---

76. Swinnock, *The Christian Man's Calling*, 3:144.

리스도인들은 천국을 신학적인 사실로 생각하는 반면에 러시아의 그리스도인들은 그것을 매일 위로와 소망과 기쁨을 얻는 원천으로 간주했다. 청교도는 천국의 영광을 묵상하는 것이 큰 축복이라는 것을 알았다. 신자가 주 예수님과 함께 영원히 영광을 누리게 될 현실을 다룬 가장 훌륭한 책들 가운데 하나는 리처드 백스터의 《성도의 영원한 안식》이다. 백스터의 책은 그의 개인적인 묵상에서 비롯한 결과물이다. 그의 책은 삶의 시련과 박해를 당하는 신자들의 용기를 북돋아 주기 위해 쓰였다. 그 책의 네 번째이자 마지막 장의 제목은 "마음을 천국에 두고 사는 법"이다. 마음을 어떻게 천국에 두고 살 수 있을까? 백스터는 "거룩한 묵상의 탁월한 의무를 부지런히 이행하면 된다. 그것이 이 책을 쓴 저자의 주된 목적이다."라고 대답했다.[77] 그는 그리스도인의 가장 큰 기쁨이 이생이 아닌 내세에 있다는 것을 알았다. 골로새서 3장 1-4절은 "그러므로 너희가 그리스도와 함께 다시 살리심을 받았으면 위의 것을 찾으라 거기는 그리스도께서 하나님 우편에 앉아 계시느니라 위의 것을 생각하고 땅의 것을 생각하지 말라 이는 너희가 죽었고 너희 생명이 그리스도와 함께 하나님 안에 감추어졌음이라"라고 말씀한다.

그러면 천국에 대해 구체적으로 무엇을 묵상해야 할까? 천국의 다양한 기쁨이 모두 묵상의 소재가 될 수 있다. 캘러미는 주님을 만나는 것, 천국 시민들의 완전하고 영원한 행복, 천국에 들어갈 수 있

---

77. Baxter, *Everlasting Rest*, 454.

는 자격 조건 등이 그런 기쁨에 포함된다고 설명했다.[78] 제레마이어 버러스는 《세상적인 생각에 대하여》에서 "천국을 얘기하는 사람은 늘 그곳을 생각하며, 그곳에 간직한 영광스러운 일들을 묵상한다."라고 말했다.[79]

천국을 정기적으로 묵상하면 어떤 유익이 있을까? 첫째, 천국을 묵상하면 거룩해지고 싶은 열망이 생겨난다. 헨리 스쿠걸은 "우리는 천국의 즐거움을 종종 묵상해야 한다…우리의 본향인 천국을 많이 생각하면 나그네요 거류민처럼 살면서 영혼을 거슬러 싸우는 육신의 정욕을 억제할 수 있다."라고 가르쳤다.[80] 왓슨은 "천국을 묵상하면 청결한 마음을 갖기 위해 노력할 수 있다. 왜냐하면 마음이 청결한 사람만이 하나님을 볼 것이기 때문이다."라고 말했다.[81] 요한 사도도 천국의 기쁨이 청결함을 추구하게 만든다고 말했다. "주를 향하여 이 소망을 가진 자마다 그의 깨끗하심과 같이 자기를 깨끗하게 하느니라"(요일 3:3). 둘째, 천국을 묵상하면 인생의 시련 속에서도 넘치는 기쁨을 느낄 수 있다. 나다나엘 래뉴는 천국에 대한 묵상을 "보배로운 행복"으로 일컬었다.[82] 스테판 차녹은 "천국에 대한 진지한 생각은 은혜로운 심령에 영향을 미쳐 마치 광야에 있는 것

---

78. Calamy, *Divine Meditation*, 125 – 26.

79. Burroughs, *Earthly-Mindedness*, 97.

80. Scougal, *The Life of God in the Soul of Man*, 70.

81. Watson, *Christian on the Mount*, 58.

82. Ranew, *Solitude Improved*, 113.

처럼 생각될 때에도 충만한 기쁨을 느끼게 만든다."라고 말했다.[83] 왓슨도 "천국은 모든 것을 보상해 준다. 천국에서 한 시간만 있으면 모든 슬픔을 잊을 것이다. 햇볕이 물을 말리듯 하나님의 영광스러운 얼굴에서 나오는 광채가 우리의 눈물을 모두 말릴 것이다."라고 말했다.[84] 셋째, 천국을 묵상하면 하나님과 다른 사람들에 대한 사랑이 더욱 커진다. 조나단 에드워즈는 고린도전서 13장을 토대로 한《사랑과 그 열매》라는 책에서 사랑의 세계인 천국을 묵상하도록 독려하기 위해 한 장을 모두 할애했다. 그는 하늘의 사랑을 더 많이 가지려면 "묵상과 경건 훈련을 통해 하늘의 사람들과 대상들과 즐거움을 많이 생각해야 한다."고 말했다.[85] 또한 버러스는 "성도는 마음과 생각을 천국에 두고, 천국을 묵상한다."라고 말했다.[86]

4) **지옥의 현실에 대한 묵상.** 내가 다녔던 대학교의 총장은 "세상에서 가장 정신을 번쩍 들게 만드는 현실은 지금도 사람들이 죽어 지옥에 가고 있다는 것이다."라는 평생 잊지 못할 말을 자주 되풀이하곤 했다. 학생들은 그 말을 처음 들었을 때는 감동을 느꼈고, 자주 되풀이해서 들었을 때는 지옥의 현실을 깊이 묵상하기 시작했

83. Charnock, "Delight in Prayer," 5:372.

84. Watson, *Christian on the Mount*, 58 – 59.

85. Jonathan Edwards, *Charity and Its Fruits* (Edinburgh: The Banner of Truth Trust, 1969), 366.

86. Burroughs, *Earthly-Mindedness*, 97.

다. 그로 인해 나타난 결과는 무엇이었을까? 지옥의 현실을 묵상하고 나자 해외 선교와 교회 개척에 헌신하는 학생들이 많았다. 안타깝게도 현대 교회는 지옥에 관한 진리에 함축된 중대한 의미를 생각하기보다 그것을 적당히 얼버무리려고 애쓴다. 그러나 우리의 영적 선조들은 이 어려운 진리를 묵상하는 것의 중요성과 가치를 잘 알고 있었다.

지옥을 지나치게 감각적으로 묘사하려는 시도는 위험할 수 있다. 그러나 청교도는 지옥에 대한 성경의 명확한 설명만으로도 큰 두려움을 느끼기에 충분하다고 생각했다. 래뉴는 조심스럽게 성경의 한계를 벗어나지 않으면서 지옥을 묵상할 수 있는 원칙을 제시했다. 그는 "그리스도께서 직접 확실하게 말씀하신 많은 구절만으로도 충분히 분명하게 말할 수 있다."라고 말했다.[87] 지옥에 대한 묵상의 주제로는 불과 고통을 묘사하는 처참한 표현들, 지옥에는 하나님의 사랑이 존재하지 않는다는 사실, 지옥의 형벌이 영원히 지속된다는 사실, 지옥에서 주어지는 형벌의 본질 등이 적절하다.

지옥을 묵상할 때는 그리스도께서 십자가를 통해 죄의 값을 온전히 청산하셨다는 사실을 믿음으로 굳게 붙잡아야 한다. 이것이 지옥을 묵상함으로써 얻는 가장 큰 유익이다. 캘러미는 "살아 있을 때 묵상을 통해 종종 지옥에 내려가야만, 죽었을 때 그곳에 내려가지

---

87. Ranew, *Solitude Improved*, 108.

않을 수 있다."라고 경고했다.[88] 백스터는 구도자들에게 지옥을 생각하라고 권고했다. 그는 "내가 여러분에게 마지막으로 권하고 싶은 것은 회개하지 않고 죽었을 때 그 종말이 어떨 것인지를 생각해 보라는 것이다."라고 말했다.[89] 헤이우드는 "오, 나의 영혼이여! 지옥으로 가는 길을 피하고, 천국으로 가는 길을 걸으려면 때때로 이 무서운 주제를 생각하고, 그것을 마음에 깊이 간직하라."라고 말했다.[90] 지옥을 묵상함으로써 얻는 또 하나의 유익은 그리스도를 통해 영원한 고통으로부터 구원받았다는 기쁨이 한층 더 강화된다는 것이다. 바울은 디모데전서 1장 12-17절에서 스스로를 의롭게 여기며 죄를 짓고 살았던 과거로부터 구원받은 사실을 자세하게 말하고 나서 "영원하신 왕 곧 썩지 아니하고 보이지 아니하고 홀로 하나이신 하나님께 존귀와 영광이 영원무궁하도록 있을지어다 아멘"이라고 찬양했다. 왓슨은 "지옥에 대한 묵상은 하나님의 자녀에게 큰 기쁨을 느끼게 한다…그리스도께서 우리를 위해 친히 지옥의 고통을 당하셨다. 하나님의 어린 양이 번제가 되어 그분의 진노의 불길에 불살라졌기 때문에 이제 하나님은 자기 백성에게 더 이상 분노하지 않으신다. 경건한 자들은 진정 기뻐할 일이 아닐 수 없다."라고 설명했다.[91]

---

88. Calamy, *Divine Meditation*, 126.

89. Baxter, *Directions to a Sound Conversion*, 547–48.

90. Heywood, "Concerning Meditation," 2:265.

91. Watson, *Christian on the Mount*, 57.

결론적으로 신앙생활과 관련된 일들이 대개 그렇듯이 묵상의 적절한 주제를 선택하는 일도 경험을 통해 더욱 익숙해질 수 있다. 유연한 태도로 균형 있고, 실천적인 주제를 선택하라. 한 가지 주제에만 매달리지 말고 "주제를 다양하게 선택하라(아무리 강한 위장도 늘 한 가지 음식만 소화한다면 달가워하지 않을 것이 분명하다)."[92] 정기적으로 묵상을 하는 습관을 기르면 믿음과 영적 능력이 강화될 것이다. 에드먼드 스미스는 청교도 묵상을 논의한 책의 서문에서 "묵상, 즉 오래, 적극적으로 하나님의 말씀을 적용하려는 노력은 자물쇠와 같다. 사악한 말은 들어오지 못하게 잠그고, 하나님의 일은 나가지 못하게 단속해야 한다. 묵상은 그런 일을 하는 자물쇠다."라고 말했다.[93]

92. Hall, "Art of Meditation," 84.

93. Smith, *Tree by a Stream*, 7.

9장
묵상해야 할 이유

━━━━━

〈웨스트민스터 소요리문답〉 제1문은 "인간의 주된 목적은 하나님을 영화롭게 하고, 그분을 영원히 즐거워하는 것이다."라고 가르친다. 하나님의 탁월하심에 합당한 생각을 하고, 찬양을 드리는 일은 그분을 영화롭게 하고, 즐거워하는 활동 가운데서 매우 큰 비중을 차지한다. 이번 장에서는 신자가 하나님과 그분의 말씀과 사역을 정기적으로 묵상해야 하는 이유를 몇 가지 살펴볼 생각이다.

하나님을 생각하며 찬양하는 것은 그리스도인이 해야 할 일이자 의무다

올리버 헤이우드는 "거룩한 생각은 신자의 경건 생활에서 매우 큰 역할을 한다…그런 생각의 활동이 곧 하나님과 동행하는 것이다…

신자는 이를 통해 낙원을 거닐면서 하나님과 교제를 나누며 그분을 즐거워한다."라고 말했다.[1] 윌리엄 브리지는 하나님을 묵상하는 것이 신자의 의무라고 말하면서 "마음을 기울여 묵상할수록 하나님께 대한 찬양이 더욱더 풍성하게 터져 나온다."라고 덧붙였다.[2] 헨리 스쿠더는 다윗의 삶을 예로 들어 이렇게 조언했다. "다윗처럼 묵상하면 다음과 같은 결과가 나타난다. 즉 그는 하나님과 그분의 길에 대해 묵상함으로써 그분의 증거를 굳게 의지할 수 있었고…자기 영혼을 향해 '내 영혼아…내 속에 있는 것들아 다 그의 거룩한 이름을 송축하라'(시 103:2)라고 말할 수 있었다."[3] 나다나엘 래뉴는 "묵상은 신령한 마음을 하늘로 향하게 하는 것이다…묵상의 주된 목적은 하나님을 바라보며 그 어떤 것보다도 그분을 영화롭게 하는 데 있다(고전 10:31)…나의 생각을 항상 위로 향하게 하고, 위대하신 하나님께 언제나 늘 영광을 돌린다면 더 바랄 것이 없겠다."라고 지혜롭게 말했다.[4]

묵상은 그리스도와 경건한 사람들을 본받는 활동이다

하나님의 백성들이 대대로 실천해 온 거룩한 습관을 생각해 보라.

---

1. Heywood, "Concerning Meditation," 2:278 – 79.
2. Bridge, "The Work and Way of Meditation," 3:144 – 45.
3. Scudder, *Daily Walk*, 104.
4. Ranew, *Solitude Improved*, 38 – 39.

이삭, 여호수아, 다윗, 솔로몬, 마리아, 디모데, 바울은 물론, 주님 자신을 생각해 보라(막 1:35). 그들은 모두 항상 하나님의 진리만을 생각했던 묵상의 사람들이었다. 스스로가 알고 있는 믿음의 사람들을 모두 연구하라. 성경을 주의 깊게 생각했던 그들은 모두 한결같이 사랑이 많거나 순종적이거나 겸손하거나 유익했다. 그 이유는 무엇일까? 토머스 왓슨은 이렇게 설명했다. "묵상은 그 안에 변화의 힘을 간직하고 있다. 말씀을 듣는 것은 우리에게 영향을 미칠 수 있지만, 말씀을 묵상하는 것은 우리를 변화시킨다. 묵상은 하나님의 진리를 우리의 심령에 깊이 각인시킨다."[5] 윌리엄 베이츠는 예수 그리스도의 마음을 지니고 싶으면 "주 예수님을 본받아 이 의무를 이행하라."라고 말했다.[6]

헤이우드는 "하나님의 성도들은 생각을 활용했다. 그들이 그것을 더 잘 활용할수록 그들의 생각은 더욱더 거룩해졌다…그들과 다르게 행동하지 말라. 그들을 본받고, 천국에까지 그들을 따라가라. 이것이 하나님의 자녀의 참된 특색이다."라는 확신으로 말씀을 전했다.[7] 토머스 보스턴은 "하나님의 백성은 실천을 통해 이 묵상의 의무가 얼마나 바람직한가를 보여주었다."라고 말했다.[8] 래뉴는 성경에 등장하는 경건한 사람들이 묵상을 실천한 사실을 언급하면서

---

5. Watson, *Heaven Taken by Storm*, 28.

6. Bates, "On Divine Meditation," 3:153 - 54.

7. Heywood, "Concerning Meditation," 2:276.

8. Boston, "Duty and Advantage of Solemn Meditation," 4:455.

자신의 책을 시작했다. 그가 그렇게 한 이유는 다른 사람들도 "그와 똑같은 방식으로 묵상하게 하기" 위해서였다.[9] 존 볼은 "이 반드시 필요한 실천 행위를 보증하는 사례들을 알고 있는가? 우리는 혼자서 가거나 전에 아무도 간 적이 없는 길을 걷기를 원하지 않는다. 우리가 분명하게 아는 사실은 경건한 사람들이 모두 묵상했고, 가장 거룩했던 사람들은 더 많이 묵상했다는 것이다."라고 말했다.[10]

묵상은 하나님이 신자들을 유익을 위해 명령하신 것이다

묵상을 해도 되고 안 해도 되는 실천 행위로 생각하는 신자들이 많다. 그들은 비범하고, 독특한 신자들만 이 의무를 이행하는 것처럼 생각한다. 그러나 묵상은 해도 좋고, 안 해도 좋은 선택 사안이 아니다. 베이츠는 묵상은 "자유재량에 속한 행위가 아니라 하나님이 명령하신 필수적인 행위다."(수 1:8; 학 1:5)라고 말했다.[11] 보스턴도 "묵상은 신자가 이행해야 할 필수 의무다…묵상을 하나님의 명령으로 받아들여라."라고 말했다.[12] 에드먼드 캘러미는 "설교를 들으라고 요구하시는 하나님이 또한 듣는 설교를 묵상하라고 요구하신다."라고

---

9. Ranew, *Solitude Improved*, 2–6. He develops four examples—Isaac, David, Solomon, and Mary.

10. Ball, *Divine Meditation*, 6–7.

11. Bates, "On Divine Meditation," 3:120–21.

12. 12. Boston, "Duty and Advantages of Solemn Meditation," 4:454–55.

말했다.[13] 헤이우드는 "기도와 믿음을 명령하고, 도둑질과 살인을 금지하신 하나님이 묵상을 명령하신다. 묵상은 무관심하게 여길 일이 아니다."라고 말했다.[14]

묵상은 죄의 본성이 특별히 거부하는 개인적인 의무이기 때문에 청교도는 묵상을 무관심하게 여겨 소홀히 할 가능성이 크다는 사실을 잘 알고 있었다. 왓슨은 "묵상은 강제적이고…거부감이 큰 의무다. 그러나 묵상은 부패한 본성에 반하기 때문에 좋은 의무라고 결론짓지 않을 수 없다…우리는 본성적으로 묵상을 이상하게 싫어한다."라고 통찰력 있게 말했다.[15] 묵상은 인간의 영혼을 이롭게 하기 때문에 래뉴는 그것을 "필요 불가결한 것"으로 일컬었다.[16] 빌헬무스 아 브라켈은 "하나님이 묵상을 명령하신다. 다른 일들과 관련해 하나님께 기꺼이 복종해야 할 의무가 있는 것처럼 이 일에 대해서도 마땅히 그래야 한다."라고 잘 요약했다.[17]

하나님의 말씀을 잘 알려면 묵상이 반드시 필요하다

하나님의 말씀을 잘 배우려면 정기적으로 많은 시간을 투자해야 한

13. Calamy, *Divine Meditation*, 4.

14. Heywood, "Concerning Meditation," 2:276.

15. Watson, *Christian on the Mount*, 28.

16. Ranew, *Solitude Improved*, 9.

17. a Brakel, "Spiritual Meditation," 4:29.

다. 신자는 진리를 생각하는 시간을 따로 충분히 마련해 두어야 한다. 성경은 어린아이도 이해할 수 있을 만큼 단순하지만 그 안에는 오직 묵상을 통해 생각을 집중해야만 깨달을 수 있는 심오한 진리들이 숨겨져 있다. 윌리엄 그린햄은 "묵상을 통해 마음속의 감정에 깊이 정착되지 않고 머릿속에서만 맴도는 지식은 곧 사라질 지식에 불과하다."라고 말했다.[18] 헤이우드는 "진리를 깊이 생각해야만 골수에 새겨져 영혼을 살리는 음료와 자양분이 된다."라고 말했다.[19] 스쿠더는 "묵상이 없으면 좋은 영혼의 양식도 이해되지 않은 채로 흘러 없어지거나 소화되지 않은 날음식처럼 되고 만다."라고 설명했다.[20] 현대의 신자들을 괴롭히는 죄 가운데 하나는 성경에 대한 피상적인 지식만을 소유하고 있다는 것이다. 그들이 영적 깊이가 없는 이유는 묵상하지 않기 때문이다. 이것이 현대 교회 안에 분별력을 잃고 갈팡질팡하는 현상이 만연하게 된 이유다. 성경을 계획적으로 묵상하면 성경에 근거한 사려 깊은 태도로 신중하게 결정하는 습관이 형성된다. 그리스도인들이 온갖 종류의 오류에 쉽게 치우치는 이유는 묵상하지 않기 때문이다. 베이츠는 "묵상은 우리의 지성에 자리잡은 어두움을 제거한다."라고 말했다.[21] 시편 119편 99, 100절은 하나님의 말씀을 묵상해야만 분별력이 생긴다고 가르

---

18. Greenham, "Grave Counsels and Godly Concerns," 39.

19. Heywood, "Concerning Meditation," 2:279.

20. Scudder, *Daily Walk*, 108.

21. Bates, "On Divine Meditation," 3:129.

친다. "내가 주의 증거들을 늘 읊조리므로 나의 명철함이 나의 모든 스승보다 나으며 주의 법도들을 지키므로 나의 명철함이 노인보다 나으니이다."

묵상은 기도를 돕고, 다른 은혜의 수단들을 돕는다

청교도는 묵상을 성경 읽기와 다른 신앙의 의무 사이에 자리잡은 의무로 간주했다.[22] 묵상은 그리스도를 섬기는 데 필요한 능력을 부여한다. 묵상은 자동차의 엔진이나 돛단배를 움직이는 바람과도 같다. 볼은 나태해지기 쉬운 신자들의 성향을 의식하고, 그리스도를 위해 부지런히 일하도록 돕는 수단으로 묵상을 제시했다. 그는 "우리는 막대기로 다스리거나 몰지 않으면 움직이려고 하지 않는 황소처럼 매우 굼뜨다. 묵상은 우리를 자극하는 박차와 같다."라고 말했다.[23] 왓슨은 시편 143편 5, 6절을 설명하면서 "묵상은 기도를 가능하게 한다…기도는 묵상의 자녀다."라고 말했다.[24] 브리지는 묵상을 "기도의 친구"로 일컬었고,[25] 루이스 베일리는 "성경 읽기와 묵상은 기도의 부모다."라고 말했다.[26] 윌리엄 페너는 신자의 기도가 무기

22. See Manton, "Sermons Upon Genesis 24:53," 17:272.

23. Ball, *Divine Meditation*, 32–33.

24. Watson, *Gleanings*, 111.

25. Bridge, "The Sweetness and Profitableness of Divine Meditation," 3:132.

26. Bayly, *Practice of Piety*, 125.

력한 이유는 묵상하지 않기 때문이라고 말했다. "기도할 때 헛생각이 많은 이유가 무엇일까? 그 이유는 기도하기 전과 후에 묵상하지 않기 때문이다.[27] 스테판 차녹은 "은혜로운 심령은 기도하기 전에 교훈과 약속을 먼저 즐거워한다. 왜냐하면 기도란 바로 하나님이 하신 약속을 그분 앞에 제시하는 것이기 때문이다."라고 말했다.[28] "쉬지 말고 기도하라"(살전 5:17)는 명령에 순종하려면 습관적으로 묵상해야 한다.

묵상은 기도의 생명선일 뿐 아니라 하나님의 백성을 준비시켜 모든 종류의 섬김을 실천하도록 돕는다. 그린햄은 묵상을 "성경 읽기와 설교 듣기와 기도와 성례의 생명이자 힘"으로 일컬었다.[29] 리처드 로저스는 "묵상을 활용하면 다른 모든 의무에 생명과 힘이 공급된다."라고 주장했다.[30] 볼도 "묵상은 다른 모든 의무는 물론, 예배의 요소들에까지 생명과 힘을 부여한다."라고 말했다.[31] 헤이우드는 시편 5편 1절과 14편 1절을 인용해 "거룩한 생각은 거룩한 의무를 준비하고, 실행하도록 돕는다…묵상은…악기를 조율하는 것처럼 심령을 기도와 설교 듣기와 성경 읽기에 적합하게 만든다."라고 말했다.[32] 래뉴는 "묵상은 거룩한 목적을 강화하고, 확고하게 한

27. Fenner, *Divine Meditation*, 25.

28. Charnock, "Delight in Prayer," 5:373 – 74.

29. Greenham, "Grave Counsels and Godly Concerns," 37.

30. Quoted in *Pilgrim's Progress*, by Kaufman, 119.

31. Ball, *Divine Meditation*, 10 – 11.

다…모든 의무를 잘 이행하려면 묵상이 반드시 필요하다."라고 말했다.[33] 아마도 이런 사실을 볼보다 더 아름답게 표현한 사람은 없을 것이다. 그는 "묵상은 식물에 물을 주고, 불에 바람을 불어넣고, 삐걱거리는 연결부에 기름을 치고, 병자에게 약을 주는 것과 같다. 묵상은 회개를 독려하고, 기도를 활력 있게 하고, 믿음을 강화하고, 사랑을 불타오르게 하고, 말씀을 소화하게 하고, 행실을 잘하게 하고, 하늘의 위로로 새 힘을 북돋운다."라고 말했다.[34]

묵상은 성경의 진리를 생각함으로써 세월을 아낄 수 있게 도와준다

에베소서 5장 16절은 "세월을 아끼라 때가 악하니라"라고 말씀한다. 하루의 시간은 누구에게나 동일하다. 주님은 우리에게 위탁하신 시간을 선하게 관리하라고 요구하신다. 묵상은 우리의 생각을 악하거나 무가치한 것에 헛되이 낭비하지 않게 하기 위한 하나님의 계획이다. "오직 하나님의 일만 생각할 가치가 있다. 그 외의 것들은 눈길을 주거나 생각을 기울일 가치가 없다."[35] 신자가 묵상의 특권을 깨닫게 되면 출퇴근 시간이 찬양의 시간이 되고, 집을 청소하는

---

32. Heywood, "Grave Counsels and Godly Concerns," 2:278.

33. Ranew, *Solitude Improved*, 55 – 56, 130.

34. Ball, *Divine Meditation*, 21 – 22.

35. Heywood, "Grave Counsels and Godly Concerns," 2:280.

시간이 영적 성장을 이루는 기회가 된다. 헤이우드는 이렇게 조언했다. "이것은 시간을 아낄 수 있는 매우 탁월한 방법이다. 길을 걸을 때나 자동차를 타고 갈 때나 직업 활동을 할 때나 감옥에 갇혀 있을 때나 필기도구가 없을 때도 우리의 생각은 여전히 바쁘게 움직일 수 있다. 우리는 어디에 있든지 좋은 생각을 할 수 있다."[36] 하나님의 일에 우리의 생각을 사용하지 않으면 "하나님과 그분의 말씀을 경시하는 죄를 짓게 된다…왕이 칙령이나 포고문을 발효했는데 백성들이 전혀 무관심하다면 그것은 왕의 권위를 무시하는 것이다."[37] 스쿠더는 "아침에 일어나서 옷을 입을 때 (정신이 가장 맑을 때) 무가치하고, 부적절한 생각으로 귀한 시간을 낭비하지 말라…그 시간은 옷을 입는 것이 왜 필요한지를 생각하기에 적합한 때이다."라고 조언했다.[38] 데이비드 브레이너드의 조언은 주목할 가치가 있다. 그는 1734년 1월 21일에 그의 형제 이스라엘에게 보낸 편지에서 이렇게 말했다. "조심해서 귀한 시간을 선하게 사용하라. 노동을 마치고 나서는 읽기와 묵상과 기도에 힘써라. 손으로 일을 할 때에도 가능한 한 마음속으로 거룩한 생각을 하라."[39]

경건한 묵상을 통해 시간을 아끼지 않으면 시대의 악에 굴복하게

---

36. Heywood, "Grave Counsels and Godly Concerns," 2:278.

37. Watson, *Christian on the Mount*, 66 – 67.

38. Scudder, *Daily Walk*, 30.

39. Jonathan Edwards, *Mr. Brainerd's Remains*, in *The Works of Jonathan Edwards* (1834; repr., Edinburgh: Banner of Truth Trust, 1995), 2:436.

되고, 부패하고, 오염된 생각에 취약하게 되어 그로 인한 해악이 끊임없이 마음에 영향을 미치는 결과가 빚어질 수밖에 없다. 신앙생활을 하는 동안 그리스도인들의 마음속에서는 늘 육신적인 생각이 모래폭풍처럼 휘몰아친다. 따라서 스스로를 계속해서 갱신해 나가는 일에 시간을 사용하지 않으면 정신적인 오염의 결과를 극복하기가 불가능하다. 말씀을 묵상하는 일에 시간을 할애하기를 싫어하는 그리스도인들은 총알 없이 근무에 나선 보초병이나 물 없이 출동한 소방수와 다름없다. 볼은 "마음으로 유익하고, 거룩하고, 탁월한 것을 끊임없이 생각하면 부패한 본성이 우리를 괴롭히거나 충동질하기가 어렵고, 사탄도 자기 생각을 주입할 기회를 찾을 수 없을 것이다."라고 말했다.[40] 사실 주님을 위해 우리의 시간을 사용하지 않으면 사탄은 크게 기뻐하면서 자신의 악한 생각을 우리에게 주입하려고 달려들 것이다.

묵상이 없으면 경건하고, 견실한 그리스도인이 될 수 없다

시편 1편은 악인의 길과 의인의 길을 분명하게 구분한다. 구분의 기준은 사람의 생각과 판단과 묵상이다. 그 이유는 그것들이 인간의 행위를 결정하기 때문이다. 신자의 생각은 삶의 영적 방향을 지시한다. 성경적인 묵상을 정기적으로 실천하지 않으면 경건하고, 견실

---

40. Ball, *Divine Meditation*, 29.

한 그리스도인이 될 수 없다. 하나님은 오직 묵상하는 사람만이 물가에 심은 나무처럼 될 것이라고 약속하셨다. 왓슨은 "세상에 경건한 그리스도인이 그토록 적은 이유는 묵상하는 그리스도인들이 적기 때문이다."라고 말했다.[41] 많은 신자가 설교도 듣고, 찬송가도 듣고, 신앙 도서와 성경도 꾸준히 읽고 있는 것처럼 보이는데 거룩함과 사랑과 섬김을 실천하는 데는 모두 무기력하기 짝이 없는 이유가 대체 무엇일까? 그 이유는 하나님의 말씀을 진지하게 생각하지 않고 늘 재미있게 놀 일만 찾기 때문이다. 베일리는《경건의 실천》에서 묵상을 참된 경건을 진작시킬 수 있는 열쇠로 간주했고, 그것을 온종일 그리스도와 동행하는 삶과 동일시했다.[42]

신학적인 관점에서 생각해 보더라도 묵상이 없으면 강한 그리스도인이 될 수 없다. 하나님은 묵상을 성화를 점진적으로 이루고, 생각을 새롭게 만드는 수단으로 정하셨다. 이것이 왓슨이 "묵상이 없는 그리스도인은 무기가 없는 군인이나 도구가 없는 장인과 같다."라고 말한 이유다.[43] 지당한 말이다. 하나님은 은혜롭게도 특정한 수단들을 사용해 실질적인 변화를 이루신다. 옳고, 거룩한 것을 "생각하기를" 거부하면서 "두렵고 떨림으로 구원을 이룰 수 있기를" 기대할 수는 없다(빌 2:12, 13; 4:8). 영적 성장과 묵상의 실천은 죽을 때까지 서로 떼어놓을 수 없는 접착쌍생아와 같다. 래뉴는 신자의 삶

---

41. Watson, *Christian on the Mount*, 68.

42. Cf. Bayly, *Practice of Piety*, 171-72, 180, 236, 243.

43. Watson, *Christian on the Mount*, 65.

속에 남아 있는 이기심과 교만의 깊은 뿌리에 관해 말하면서 "헛되고, 악한 생각을 멀리하고 그것을 몰아내려면…묵상이 반드시 필요하다."라고 설명했다.[44] 묵상은 죄를 적극적으로 공격하는 수단이다. 묵상은 진리와 진실로 죄를 물리치는 것을 목표로 삼는다. 묵상은 지속적인 변화와 점진적인 성화와 죄에 대한 승리를 가능하게한다. 묵상은 생각을 새롭게 만들어 헛된 생각을 물리친다(엡 4:23). 래뉴는 "묵상은 나쁜 생각을 물리치고, 좋은 생각을 불러일으켜 하늘의 것을 생각하는 습관을 길러준다."라고 말했다.[45] 왓슨도 다음과 같이 적절하게 말했다.

내가 열정을 가지고 간곡히 권하고 싶은 의무가 이것인 이유는 그 안에 신앙의 생명력과 활력이 너무나도 많이 깃들어 있기 때문이다. 물을 주지 않으면 식물이 자랄 수 없고, 소화하지 않으면 음식이 영양분이 될 수 없는 것처럼 묵상이 없으면 거룩함의 열매를 맺을 수 없다. 하나님은 양식을 제공하시고, 사역자들은 요리를 만들어 내놓는다. 그러나 반드시 그것을 묵상을 통해 내적으로 소화해야 한다.[46]

---

44. Ranew, *Solitude Improved*, 77 –78, 131.

45. Ranew, *Solitude Improved*, 132.

46. Watson, *Christian on the Mount*, 71.

그리스도인이 묵상해야 하는 이유는 하나님의 말씀이 그분의 백성에게 보내는 사랑의 편지이기 때문이다

스마트폰, 트위터, 페이스북, 문자 메시지가 없던 시절을 기억하는가? 그런 것들은 확실히 편리하지만, 내 아내가 될 여성으로부터 사랑의 편지를 받아 읽었을 때의 감정을 느끼게 하지는 못한다. 나는 그녀의 글을 주의 깊게 읽으면서 그녀의 속마음을 헤아리려고 노력했다. 나는 편지에 배인 향내를 맡으며 그녀와 함께 살 날을 꿈꾸었다. 기혼자든 독신이든, 젊었든 늙었든 우리는 모두 은혜로우신 주님으로부터 사랑의 편지를 받는다. 그 안에는 지금까지 말이나 글로 나타낸 그 어떤 표현보다 더 아름다운 표현이 담겨 있다. 성경은 창조주께서 하신 사랑의 말씀이기 때문에 그 내용을 주의 깊게 묵상하지 않으면 안 된다. 왓슨은 "성경은 하나님이 우리에게 보내신 사랑의 편지다. 따라서 그것을 급하게 훑어봐서는 안 되고, 그 안에 담긴 하나님의 지혜와 그것을 우리에게 보내신 그분의 사랑을 깊이 묵상해야 한다."라고 말했다.[47]

시편 저자는 그런 사랑과 기쁨에 마음이 움직여 "내가 주의 법을 어찌 그리 사랑하는지요 내가 그것을 종일 작은 소리로 읊조리나이다"(시 119:97)라고 외쳤다. 여기에서 일종의 원인과 결과 관계가 성립된다. 하나님의 사랑은 그분의 자녀들이 그분을 묵상하도록 독려한

---

47. Watson, *Christian on the Mount*, 65.

다. 아 브라켈은 시편 104편 34절과 139편 17, 18절을 근거로 "여기서 달콤함의 본질을 발견해야 한다. 이것은 유익한 사역이다…하나님과의 교제 안에는 당신의 영혼이 기쁨을 발견하는 모든 것이 들어 있다."라고 설명했다.[48] 하나님이 자기 백성에게 허락하신 사랑의 말씀이 묵상을 단순한 의무에서 행복한 즐거움으로 바꾸어 놓는다. 하나님의 자녀들은 마음속에서 은혜가 역사하기 때문에 억지로 하나님의 말씀을 묵상하지 않는다. 그들의 묵상은 자연스럽게 이루어진다. 묵상은 진지한 구도자의 마음이 갈망하는 것을 채워 준다. 왓슨은 "하나님의 율법은 만나, 곧 모든 그리스도인의 미각을 만족시키는 하늘의 만나다…위선자들은 겉으로는 하나님의 율법에 순종하는 척하지만 성도들은 그분의 율법을 진정으로 사랑한다. 그로써 그들은 영예의 화관을 얻는다."라는 말로 하나님의 사랑이 묵상의 동기가 됨을 아름답게 묘사했다.[49]

---

48. a Brakel, "Spiritual Meditation," 4:30.

49. Watson, *Christian on the Mount*, 17.

10장
묵상의 유익

스티븐 율리는《청교도의 영성》에서 묵상의 유익을 생각하는 것이 중요한 이유를 설명했다. 그는 "이런 인과의 관계가 청교도의 사고 방식 안에 확고하게 자리잡고 있다."라고 말했다.[1] 그렇다면 왜 청교도는 묵상의 유익을 그토록 강하게 확신했을까? 율리는 "간단히 말해 묵상은 성령께서 거룩한 감정을 일으켜 다른 영적 의무를 열정적으로 행하도록 이끌기 위해 사용하시는 가장 중요한 수단이기 때문이다."라고 대답했다.[2] 청교도는 하나님의 백성들에게 묵상의 유익을 설명해 실천을 독려하는 것을 조금도 주저하지 않았다. 윌리엄 브리지는 "유익을 얻는 것은 좋은 일이다. 묵상은 매우 유익하

---

1. Yuille, *Puritan Spirituality*, 190.

2. Yuille, *Puritan Spirituality*, 190.

다. 하나님과 그분의 일을 묵상하는 것은 매우 유익하다. 묵상은 유익한 사역이다."라고 말했다.[3] 시편 1편이 말하는 의인이 복된 이유는 그의 지위나 물질적인 특권 때문이 아니라 묵상을 즐겨 했기 때문이다. 이번 장에서는 묵상의 습관을 기름으로써 얻을 수 있는 여덟 가지 유익을 살펴볼 생각이다.

묵상은 회개를 더욱 깊게 만든다

학개서 1장 5절은 하나님의 백성들에게 "너희는 너희의 행위를 살필지니라"라고 권고했다. 윌리엄 페너는 이 구절을 본문으로 삼아 묵상이 이스라엘 백성에게 "회개"의 유익을 가져다주었다고 말했다.[4] 묵상이 없으면 회개에 이르게 하는 경건한 슬픔과 자기 성찰이 이루어질 수 없다. 하나님은 회개를 허락하실 뿐 아니라 회개의 수단(즉 주님을 멀리 떠나 방황하는 스스로의 상태를 진지하게 생각하는 것)을 축복하신다(딤후 2:24-26 참조). 페너는 사정없이 토끼를 쫓는 사냥개를 비유로 들어 성경에 대한 묵상이 마음의 거짓을 드러낼 때까지 그 깊은 곳을 샅샅이 훑어 살피는 과정을 생생하게 묘사했다.[5] 아마도 묵상이 죄인을 깨우쳐 죄를 철저하게 깨닫게 하는 과정을 가장 철저하게 논의한 사람은 토머스 후커일 것이다. 그는 《구속의 적용》이라

---

3. Bridge, "The Sweetness and Profitableness of Divine Meditation," 3:130.

4. Fenner, *Divine Meditation*, 1.

5. Fenner, *Divine Meditation*, 20.

는 책에서 "묵상은 과거에 저지른 죄에 대한 불안감을 일깨울 뿐 아니라 지금 생각하고 있는 불의한 일의 해악을 날마다 상기시켜 마음에 중단 없는 압박을 가해 쉴 새 없이 고통에 시달리게 만든다." 라고 말했다.[6] 후커는 죄의 사악함을 묵상하는 것이 참된 회개와 건전한 회심과 지속적인 영적 성장에 큰 유익이 된다고 믿었다. 리처드 백스터도 "죄인은 생각을 통해 진리를 활용한다…그는 진리의 약을 삼켜 전에 잠들어 있던 탓에 제 기능을 발휘하지 못했던 영혼을 깨운다."라고 말했다.[7] 에드먼드 캘러미는 "사람이 회개하지 않고 계속해서 죄를 짓는 이유는 무엇일까? 그 이유는 묵상하지 않기 때문이다."라고 말했다.[8] 토머스 왓슨은 《회개의 교리》라는 고전에서 "회개의 수단: 진지한 생각"이라는 제목의 장을 마련하고, 묵상해야 할 죄의 스무 가지 측면을 제시했다. 이들 각각은 사람을 더 깊은 회개로 이끌기 위해 고안된 것이었다.[9]

묵상은 더욱 깊은 회개를 독려할 뿐 아니라 하나님의 뜻에 적극적으로 순종하도록 유도한다. 위선자도 후회의 눈물을 흘릴 수 있다. 그러나 진정으로 회개한 사람은 주님을 따른다(마 7:19-27 참조). 왓슨은 《천국을 침노하라》에서 "묵상은 행위를 변화시킨다(시 119:59).

---

6. Hooker, *Application of Redemption*, 161.

7. Baxter, *Directions to a Sound Conversion*, 542.

8. Calamy, *Divine Meditation*, 147.

9. Thomas Watson, *The Doctrine of Repentance* (Edinburgh: Banner of Truth Trust, 2002), 106-18.

사람들이 죄의 가증스러움을 묵상하면…죄와…결별하고 새로운 피조물이 될 것이다."라고 말했다.[10] 헨리 스쿠더는 "묵상은 사람을 새롭게 변화시켜 하나님의 말씀 안에 나타난 그분의 뜻과 자신의 뜻이 하나로 일치되어 같은 것을 선택하고, 기뻐할 수 있게 해준다."라고 말했다.[11] 올리버 헤이우드도 "거룩한 생각은 사탄의 유혹을 물리칠 수 있게 도와준다. 그것은 사탄의 불화살을 끄는 차가운 물과 같다…생각을 활용하면 부패함을 극복하는 데 유익하기 때문에 죄의 해악을 좀 더 분명하게 깨달을 수 있고…영혼이 하늘을 바라보게 만들 수 있다."라고 말했다.[12] 간단히 말해 "거룩한 묵상은 하나님의 모든 계명을 지킬 수 있도록 도와줄" 뿐 아니라[13] "하나님을 기쁘시게 하고, 영화롭게 하겠다."는 의지의 결심을 다지게 만든다.[14]

묵상은 죄와 싸우겠다는 결심을 강화한다

묵상은 참된 회개를 독려할 뿐 아니라 죄에 맞서 싸우겠다는 진지한 결심을 다지는 데 필요한 것(신령한 마음)을 제공한다(고후 7:10, 11, 딤

---

10. Watson, *Heaven Taken by Storm*, 29.

10. Watson, *Heaven Taken by Storm*, 29.

11. Scudder, *Daily Walk*, 108.

12. Heywood, "Grave Counsels and Godly Concerns," 2:277.

13. Calamy, *Divine Meditation*, 55.

14. Ranew, *Solitude Improved*, 52.

후 4:7 참조). 청교도들에 따르면 묵상은 경건함을 적극적으로 독려하고,[15] 세상에 마음을 두지 않게 하며,[16] 하나님을 가장 우선시하게 하고,[17] 유혹에 맞서게 하며,[18] 위선을 물리치게 한다.[19] 제레마이어 버러스는 "하나님과 동행하는 사람은 공생활과 사생활이 일치한다."라고 말했다.[20]

청교도는 묵상이 악한 습관을 버리고 이를 하나님의 성령을 기쁘시게 하는 일로 대체하도록 도와준다고 가르쳤다. 윌리엄 브리지는 "묵상은 마음을 뜨겁게 하는 사역이기 때문에 마음과 영혼을 악한 생각으로부터 지켜준다. 그릇이 가득 찼을 때는 아무것도 더 담을 수 없다."라고 말했다.[21] 왓슨은 "묵상은 죄를 물리치는 황금 방패와 같다…묵상은 마음을 젖은 부싯깃처럼 만들어 마귀의 불이 붙지 않게끔 도와준다."라고 말했다.[22] 아울러 묵상은 죄를 없애는 영적 수단으로 제시되기도 했다.[23] 페너는 그런 결과가 나타나는 이유는 묵상이 "죄를 억제하는 데 필요한 모든 논증과 무기를 결집하는 힘

---

15. Bates, "On Divine Meditation," 3:134–35.

16. Calamy, *Divine Meditation*, 50–52.

17. Calamy, *Divine Meditation*, 52–53.

18. Ball, *Divine Meditation*, 46.

19. White, *Divine Meditation*, 15.

20. Burroughs, *Earthly-Mindedness*, 189.

21. Bridge, "The Sweetness and Profitableness of Divine Meditation," 3:131.

22. Watson, *Christian on the Mount*, 89.

23. Ball, *Divine Meditation*, 26–28.

이 있기" 때문이라고 말했다.[24] 토머스 왓슨은 "변덕스럽지 않고 강하고 굳센" 결의와 결심을 다지도록 도와주는 것을 묵상의 가장 큰 유익으로 손꼽았다.[25] 결국, 개인적인 죄를 극복하려는 열정이 부족한 사람들이 그토록 많은 이유 가운데 하나는 묵상이 없기 때문이라고 결론지을 수 있다.

묵상은 주님을 향한 심령의 애정을 불타오르게 만든다

심지어 새 신자들조차도 영적 열정이 차갑게 식고, 치명적인 영적 무감각에 빠지기까지 그리 오랜 시간이 걸리지 않는다. 펄펄 끓는 물도 불과 몇 시간이면 얼음으로 변한다. 며칠만 주님과 뜨거운 교제를 나누지 못해도 그리스도를 향한 영적 열정이 식고 만다. 신자가 일관되게 묵상을 실천해야 하는 이유는 아직도 부패한 마음에서 온전히 자유롭지 못하기 때문이다. 그러나 감사하게도 주님은 묵상을 통해 심령의 애정을 자신에게 기울일 수 있도록 배려하셨다. 브리지는 묵상은 "심령을 뜨겁게 하는 사역, 곧 심령의 애정을 불타오르게 하는 수단이다…물건이 차가워지면 그것을 문질러 따뜻하게 하는 것처럼…(묵상은) 영혼을 진리로 문지른다."라고 말했다.[26] 왓슨

---

24. Fenner, *Divine Meditation*, 3.

25. White, *Divine Meditation*, 53 –62.

26. Bridge, "The Sweetness and Profitableness of Divine Meditation," 3:131.

은 "묵상은 거룩한 감정을 지피는 풀무다."라고 표현했다.[27] 헤이우드는 시편 39편 3절을 인용해 "거룩한 생각은 하늘에 속한 거룩한 감정을 불러일으킨다."라고 설명했다.[28] 래뉴는 "참되고, 올바른 묵상은 사랑의 감정을 자극한다. 머리가 활동하면 마음이 뜨거워진다. 뜨거운 감정에서 흘러나오는 생명력이 모든 의무에까지 고루 퍼져 나간다."라고 묘사했다.[29] 하나님은 무디어진 심령이 본래의 거룩한 감정 상태에서 벗어나 표류할 때 그것을 극복해 낼 수 있는 수단을 자신의 자녀들에게 허락하셨다. 이것은 참으로 크나큰 축복이 아닐 수 없다. 하나님을 향한 열정이 식었을 때는 도와달라고 기도할 뿐 아니라 마음을 집중하여 그분의 진리를 적극적으로 묵상해야 한다. 맨튼은 "생각이 깊고 진지하면 거룩한 감정은 그 생각에 따라 움직인다."라고 설명했다.[30]

어떤 사람들은 묵상이 심령의 감정에 영향을 미친다는 개념을 이해하기 힘들어 한다. 그러나 신비주의로 치우치는 것을 조심해야 하는 것처럼 이성주의로 치우치는 것도 아울러 경계해야 한다. 하나님은 우리의 생각만이 아니라 우리의 심령과 감정까지 모두 다스리신다. 이것이 캘러미가 묵상이 이해의 문, 대화(실천)의 문, 심령 내지 감정의 문이라는 세 개의 문을 통과해야만 유익한 결과를 낳을

27. Watson, *Christian on the Mount*, 86.

28. Heywood, "Grave Counsels and Godly Concerns," 2:278.

29. Ranew, *Solitude Improved*, 30.

30. Manton, "Sermons Upon Genesis 24:53," 17:271.

수 있다고 말했던 이유다.[31] 베이츠는 "햇빛은 우리를 따뜻하게 할 수는 있지만 돋보기를 통해 한군데로 모으지 않으면 불꽃을 일으킬 수 없다. 그와 마찬가지로 하늘의 것에 대한 생각도 우리를 약간 뜨겁게 할 수는 있지만 세밀한 묵상을 통해 생각을 고정하지 않으면 영혼을 불타오르게 할 수 없다(시 112:7)."라고 설명했다.[32] 에드먼드 스미스는 "묵상은 항상 감정을 일깨워 하나님의 일을 향하게 해야 한다. 다시 말해 진리를 마음에 적용시켜 하나님의 일을 즐거워하고, 기도로 성부 하나님을 구하게 만드는 데 그 목적이 있다."라고 말했다.[33] "거룩한 묵상은 우리 안에 하나님에 대한 사랑을 불러일으키는 놀라운 수단이다."라는 캘러미의 말은 매우 지당하다.[34]

묵상은 은혜 안에서 성장하도록 돕는다

베드로는 신자들에게 "우리 주 곧 구주 예수 그리스도의 은혜와 그를 아는 지식 안에서 자라 가라"고 당부했다(벧후 3:18). 하나님의 자녀들은 성령께서 자기들에게 허락하신 구원의 선물을 더욱 발전시켜 나가야 한다. 그들은 모든 은혜의 수단을 부지런히 활용해 더욱 더 경건해져야 한다. 이것이 묵상의 또 다른 유익이다. 묵상은 은혜

---

31. Calamy, *Divine Meditation*, 28.
32. Bates, "On Divine Meditation," 3:116.
33. Smith, *Tree by a Stream*, 15–16.
34. Calamy, *Divine Meditation*, 44.

안에서 성장하도록 돕는다. 베이츠는 묵상이 새로운 본성에 도움이 되기 때문에 믿음과 소망과 사랑을 증대시켜 신자들을 유익하게 한다고 강조했다.[35] 그는 "음식이 우리의 생명을 유지해주고, 우리의 생명이 음식을 사용하는 것처럼 묵상은 은혜를 유지해주고, 은혜는 묵상을 활용한다."라고 말했다.[36] 헤이우드는 묵상은 "은혜를 향상시키고, 증대시키는 가장 좋은 방법이다. 말의 훈련은 재능을 일깨우고, 사고의 훈련은 은혜를 촉진한다."라고 말했다.[37] 빌헬무스 아 브라켈은 심지어 묵상의 목표가 은혜 안에서의 성장이라고 선언하기까지 했다.[38] 어셔는 "묵상이 없으면 우리는 망한다."라고 잘라 말했다.[39]

그렇다면 묵상은 어떤 식으로 신자가 은혜 안에서 성장하도록 돕는 것일까? 묵상은 기독교적인 미덕과 태도를 갖추도록 돕는다. 브리지는 "기도할 마음이 전혀 내키지 않을 때에도 하나님과 그분의 일을 묵상하면 곧바로 기도할 마음이 생겨날 것이다…묵상은 기도와 다른 의무들을 독려하는 가장 좋은 수단이기 때문에 그리스도를 아는 지식과 은혜 안에서 성장하도록 도와준다."라고 설명했다.[40]

---

35. Bates, "On Christian Meditation," 3:133 – 34, 154 – 35.

36. Bates, "On Christian Meditation," 3:132.

37. Heywood, "Grave Counsel and Godly Concerns," 2:277.

38. a Brakel, "Spiritual Meditation," 4:28 – 29.

39. Ussher, *Meditation*, 23.

40. Bridge, "The Sweetness and Profitableness of Divine Meditation," 3:132.

볼은 다른 사람들을 더욱더 사랑할 수 있게 도와준다고 가르쳤고,[41] 캘러미는 묵상은 사탄의 유혹을 물리칠 수 있게 도와준다고 말했다.[42] 조나단 에드워즈는《신앙과 정서》라는 고전에서 하나님의 말씀을 묵상하는 것이 어떻게 심령의 겸손을 낳는지 설명했다.[43] 묵상이 은혜 안에서 성장하게 만드는 이유는 은혜의 말씀이 영혼을 올바로 세워주기 때문이다.

묵상은 영혼에 위로와 확신을 가져다준다

시편 119편 50절은 정기적으로 성경을 묵상하면 상처받은 신자에게 큰 격려와 위로가 된다고 가르친다. "이 말씀은 나의 고난 중의 위로라 주의 말씀이 나를 살리셨기 때문이니이다." 시편 119편 52절은 이어서 "여호와여 주의 옛 규례들을 내가 기억하고 스스로 위로하였나이다"라고 말씀한다. 묵상의 가장 큰 위로 가운데 하나는 내적인 위로다. 베이츠는 "묵상은 진지하고, 능동적인 영혼의 행위다. 하나님은 그런 행위에 위로를 약속하셨다…묵상은 하나님의 모든 속성에 근거해 영혼에게 약속되고, 부여되는 위로들을 받아 누릴 수 있게 해준다."라고 말했다.[44] 피터 루이스는《청교도주의의

---

41. Ball, *Divine Meditation*, 34 – 35, 48.

42. Calamy, *Divine Meditation*, 56.

43. Jonathan Edwards, *A Treatise Concerning Religious Affections* (New York: Cosimo Classics, 2007), 246.

진수》라는 책에서 "영적 황폐함과 낙심을 극복하기 위한 청교도의 치유책"이라는 항목에서 묵상을 언급했다.[45]

묵상이 신자에게 위로를 가져다주는 이유는 무엇일까? 캘러미는 "거룩한 묵상은 하나님을 믿고, 신뢰하며…영혼을 유익하게 하는 약속을 의지하는 데 큰 도움이 된다."라고 말했다.[46] 버러스는 《모세의 자기 부인》이라는 책에서 "믿음을 강하게 하려면 무엇보다도 은혜 언약과 풍성한 약속과 말씀 안에서 하나님의 선하신 속성이 영광스럽게 나타난 여러 경우들을 많이 묵상해야 한다."라고 가르쳤다.[47] 헤이우드는 시편 42편 5절과 119편 92절을 인용해 묵상은 "우울함과 영혼의 갈등을 느끼는 신자를 도와준다. 선한 생각은 나쁜 생각을 물리친다. 다윗이 불안한 생각을 물리쳤던 것처럼 신자도 그렇게 할 수 있다."라고 조언했다.[48] 래뉴는 "묵상은 육신적이고, 세속적인 것들이 줄 수 있는 것보다 더 유쾌하고, 더 탁월한 즐거움을 가져다준다."라고 말했다.[49] 볼도 묵상은 "굳은 마음을 부드럽게 해주고, 안팎의 시련으로 인한 고달픔을 달래주는 치료약이

44. Bates, "On Divine Meditation," 3:134, 155.

45. Peter Lewis, *The Genius of Puritanism* (Morgan, Pa.: Soli Deo Gloria, 1977), 116-17.

46. Calamy, *Divine Meditation*, 48-49.

47. Jeremiah Burroughs, *Moses' Self-Denial,* ed. Don Kistler (1641; repr., Grand Rapids: Soli Deo Gloria, 2010), 145.

48. Heywood, *Whole Works*, 2:279.

49. Ranew, *Solitude Improved*, 137.

다."라고 말했다.[50]

묵상은 신자의 영혼을 위로할 뿐 아니라 구원의 확신을 강화한다. 스쿠더는 구원의 확신을 굳세게 하려면 다른 무엇보다도 "성경을 읽고, 듣고, 묵상함으로써 성경에 정통해야 한다."고 조언했다.[51] 볼도 묵상은 심령을 하나님을 향한 달콤한 갈망으로 이끈다고 말했다. 묵상은 "하나님을 더 잘, 더 많이 알도록 도와주고, 그분과 가장 편안한 교제와 교통을 나눌 수 있게 해준다."[52] 조엘 비키는 기독교적 확신을 다룬 뛰어난 책에서 "하나님은 대개 말씀에 대한 묵상, 성례의 참여, 끈기 있는 기도를 확신을 증대시키기 위한 수단으로 사용하신다."라고 말했다.[53] 브리지는 "묵상은 영혼을 그리스도의 그늘 밑으로 인도한다…주님의 말씀은 꿀과 꿀통과 같다…말씀을 더 많이 묵상할수록 그 맛을 더욱 풍성하게 느낄 수 있다."라고 말했다.[54]

묵상은 기쁨과 감사와 만족의 삶을 낳는다

실망스러운 일과 죄로 인한 불행이 가득한 세상에서 묵상이 주는

---

50. Ball, *Divine Meditation*, 21.

51. Scudder, *Daily Walk*, 341.

52. Ball, *Divine Meditation*, 45.

53. Joel R. Beeke, *The Quest for Full Assurance: The Legacy of Calvin and His Successors* (Edinburgh: Banner of Truth Trust, 1999), 152.

54. Bridge, "The Sweetness and Profitableness of Divine Meditation," 3:128.

가장 큰 유익 가운데 하나는 낙심한 사람을 찬양의 사람으로 바꾸어놓는다는 것이다. 브리지가 묵상을 "감사의 단짝 친구"로 일컬은 것은 매우 지당하다.[55] "내가 평생토록 여호와께 노래하며 내가 살아 있는 동안 내 하나님을 찬양하리로다 나의 기도를 기쁘게 여기시기를 바라나니 나는 여호와로 말미암아 즐거워하리로다."라는 시편 104편 33, 34절 말씀은 찬양과 묵상을 하나로 연결한다. 캘러미는 시편 8편 2절을 언급하면서 "거룩한 묵상은 우리 안에 하나님으로부터 받은 축복과 은혜에 대한 감사를 불러일으키는 놀라운 수단이다."라고 말했다.[56] 많은 그리스도인이 낙심하는 이유는 하나님의 진리와 그분의 위대한 구원으로 생각을 적극적으로 다스려 힘을 얻으려고 하지 않고, 부패한 마음이 속삭이는 우울한 거짓말에 귀를 기울이기 때문이다.

그런 잘못을 저지르지 않으려면 하나님과 그분의 진리에 생각을 집중해야 한다. 영원토록 충만한 기쁨을 누리시는 하나님을 묵상해야 한다(시 16:11). 에드먼드 클라우니는 《그리스도인의 묵상》에서 "하나님의 이름의 영광을 진지하게 묵상한다는 것은 곧 찬양을 드리는 것을 의미한다."라고 말했다.[57] 스쿠더도 "하나님이 지극히 작은 선물을 단 한 가지도 받을 자격이 없는 나에게 온갖 선물을 값없이 베푸신다는 사실을 생각하면서 그런 선물들을 진지하게 묵상하

---

55. Bridge, "The Sweetness and Profitableness of Divine Meditation," 3:132.

56. Calamy, *Divine Meditation*, 52.

57. Clowney, *Christian Meditation*, 84.

면 거룩한 기쁨과 감탄이 우러나와 찬양을 드리지 않을 수 없게 된다."라고 말했다.[58] 리처드 백스터는 신자가 묵상을 통해 얻는 기쁨과 연약한 그리스도인의 슬픔을 다음과 같이 대조했다.

> 하나님에 대한 신자의 묵상은 달콤하다. 그는 주님 안에서 기쁨을 누린다…그는 하나님의 율법을 즐거워하기 때문에 그것을 밤낮으로 묵상한다. 그는 성경이 "항상 기뻐하라, 의인들이여 즐거워하라, 하나님 앞에서 기뻐하라"라고 명령하는 이유를 잘 알고 있다…그는 음식, 음료, 옷, 집, 토지, 돈, 음욕, 다른 사람들을 지배하는 것 외에는 더 기뻐할 것이 없는 불쌍하고, 불행한 세상을 측은하게 여긴다. 그는 그들도 성도의 기쁨을 맛보기를 진정으로 바란다.[59]

묵상은 신자의 경험을 더욱 깊고, 성숙한 단계로 끌어올린다

피상적인 기독교는 현대 교회의 특징으로 자리잡았다. 이제는 신앙의 성숙도와 분별력으로 성공을 측정하지 않는다. 지금은 찬양 음악의 수준, 예배 시설의 편안함, 회중의 규모 등으로 성공 여부를 판단한다. 경건한 묵상은 이런 피상적인 신앙을 극복할 수 있는 해결

---

58. Scudder, *Daily Walk*, 131.

59. Baxter, *Character of a Confirmed Christian*, 715.

책이다. 묵상은 신자가 가진 경험의 폭과 깊이를 더욱 넓고, 깊게 만든다. 묵상은 어리석은 생각을 깨우쳐주고, 어린아이와 같은 생각에서 벗어나도록 도와준다. 청교도 운동은 현대의 그리스도인들에게 참된 영적 깊이를 지닌 사람들이 되라고 독려한다. 패커는 "청교도의 영적 경험의 수준"은 청교도적인 경건한 묵상의 실천에 근거하고 있었다고 설명했다.[60]

그런 풍성한 기독교적 경험은 계획적인 묵상을 통해 하나님의 진리를 조용히 생각함으로써만 얻을 수 있다. 스쿠걸은 《인간의 영혼 안에 있는 하나님의 생명》이라는 책에서 깊고 진지한 종교적 생각이 참된 기독교의 핵심이라고 말했다.[61] 래뉴는 묵상은 "습관적으로 지혜의 마음을 낳고 판단력(분별력)을 개선하기 위해 진리를 세밀히 찾고 살피는 것이어야 한다."고 설명했다.[62] 또한 그는 "묵상을 실천하는 그리스도인은 꼼꼼한 광부처럼 광산 곳곳을 깊이 파헤쳐 풍성하게 거두어들인다."라고 덧붙였다.[63] 백스터는 피상적인 기독교는 세속적인 생각을 부추길 뿐이라며 오직 성경을 묵상하는 것만이 신령한 생각을 할 수 있는 하나님의 자녀로 발전하는 길이라고 강조했다.[64] 왓슨은 묵상의 유익을 이렇게 요약했다. "묵상은 심령

60. Quoted in Leland Ryken, *Worldly Saints: The Puritans as They Really Were* (Grand Rapids: Zondervan, 1986), xii.

61. Scougal, *The Life of God in the Soul of Man*, 60 – 62.

62. See Ranew, *Solitude Improved*, 26 – 28, 46 – 48, 139 – 41.

63. Ranew, *Solitude Improved*, 27.

64. Baxter, *Everlasting Rest*, 456.

을 진지하게 만든다. 어떤 그리스도인들은 경박한 심령을 지녔다…
경박한 그리스도인들은 어떤 의견이나 악덕에도 쉽게 현혹된다. 마
치 깃털처럼 이리저리 날린다. 그런 깃털 같은 신자들이 한둘이 아
니다."[65]

묵상은 하나님의 말씀에 대한 지식과 기억력을 향상시킨다

청교도는 성경의 진리를 간직하려면 마음의 분투가 있어야 한다고
가르쳤다. 신자는 묵상을 통해 하나님의 말씀에 대한 지식과 기억
력을 향상시킬 수 있다. 묵상하면 성경의 각 구절을 필수적으로 암
송하며 세밀하게 분석할 수 있다. 래뉴는 묵상하면 하나님의 진리
를 마음에 깊이 새길 수 있다고 설명했다. 그는 "묵상은 진리의 보
고이자 저장소를 만들어 그 안에 귀하고, 유용한 진리들을 쌓고 잠
가두는 데 큰 도움이 된다."라고 말했다.[66] 묵상은 영적 싸움에 필요
한 무기를 제공해 영적 무장을 갖추도록 도와준다. 볼은 묵상은 "기
억력을 강화하는 데 참으로 큰 도움이 된다."라고 말했다.[67] 시편
119편 15, 16절은 "내가 주의 법도들을 작은 소리로 읊조리며 주의
길들에 주의하며 주의 율례들을 즐거워하며 주의 말씀을 잊지 아니
하리이다."라고 말씀한다. 토머스 맨튼은 묵상이 세 가지 방식으로

65. Watson, *Gleanings*, 110.

66. Ranew, *Solitude Improved*, xii, 45.

67. Ball, *Divine Meditation*, 41.

성경의 교리들을 이해하도록 도와준다고 말했다. "(1) 성경의 교리들을 더욱더 확실하고, 분명하게 볼 수 있게 한다…(2) 성경의 교리들을 더욱 잘 기억할 수 있게 한다…(3) 성경의 교리들을 항상 기억해 생각나게 한다."[68] 시편 119편 99절은 "내가 주의 증거들을 늘 읊조리므로 나의 명철함이 나의 모든 스승보다 나으며"라고 말씀한다.

---

68. Manton, "Sermons Upon Genesis 24:53," 17:274 –75.

11장
묵상의 방해 요인들

그리스도인들은 적과 전선에서 대치한 상태에서 살고 있다. 그들은 평화와 전쟁이 공존하는 상황에 처해 있다. 그들은 적의 끊임없는 포화가 영혼의 건강을 위협한다는 사실을 의식하고, 믿음의 선한 싸움을 싸운다. 베드로는 하나님의 백성들에게 "근신하라 깨어라 너희 대적 마귀가 우는 사자 같이 두루 다니며 삼킬 자를 찾나니"(벤전 5:8)라고 말했다. 사탄은 교활한 적이기 때문에 신자들의 가장 중요한 영적 방어 수단을 공격의 목표로 삼는다. 다시 말해 영혼을 가장 유익하게 하는 습관들이 적으로부터 가장 큰 공격을 당한다. 사탄은 아름다운 식물의 뿌리를 훼손하는 벌레처럼 하나님과 신자의 관계를 유지하는 기반을 무너뜨리려는 전략을 구사한다. 묵상은 신자의 강력한 방어책이기 때문에 마귀가 그것을 방해하려고 애쓰는 것은 조금도 놀랍지 않다. 그러나 "우리는 그 계책을 알지 못하는 바가 아니다"(고후 2:11). 이번 장에서는 사람들이 묵상하지 않기 위해 흔히 내세우는 변명들과 묵상을 방해하는 요인들을 몇 가지 살펴볼 생각이다.

묵상하지 않기 위해 내세우는 변명들

사탄은 다양한 변명을 내세워 정기적인 묵상의 실천을 등한시하도록 유도한다. 그런 변명들이 무엇인지 알고, 극복하는 방법을 찾아야만 말씀을 규칙적으로 묵상하는 습관을 기를 수 있다.

묵상은 너무 어렵다

목요일 오전 6시 30분에 자명종이 크게 울린다. 연장 버튼을 눌러야 할까, 아니면 잠자리에서 일어나 하나님의 말씀을 읽어야 할까? 이것은 정직한 신자라면 누구나 겪는 일(육신의 나태함과 싸우는 일)이다. 인정하기 부끄러운 일이지만 잠언 6장 9-11절의 말씀("게으른 자여 네가 어느 때까지 누워 있겠느냐 네가 어느 때에 잠이 깨어 일어나겠느냐 좀 더 자자 좀 더 졸자 손을 모으고 좀 더 누워 있자 하면 네 빈궁이 강도 같이 오며 네 곤핍이 군사 같이 이르리라")에서 자유로울 수 있는 그리스도인은 별로 없다.[1]

청교도는 게으른 신자들에게 좋든 싫든 하나님께 순종해야 할 필요성을 진지하게 생각해 보라고 권고했다. 윌리엄 베이츠는 영적

---

1. Cf. Manton, "Sermons Upon Genesis 24:53," 17:282.

게으름을 피워 "이 의무를 등한시해서는 안 된다…의무는 땀과 노력을 요구하기 때문에 그에 대한 보상으로 면류관이 약속되었다."라고 말했다.[2] 이 말은 "이 모든 일에 전심전력하여 너의 성숙함을 모든 사람에게 나타나게 하라"(딤전 4:15)라는 말씀과 일맥상통한다. 토머스 후커는 영적으로 나태해졌을 때는 이미 묵상의 의무에서 얼마나 뒤떨어졌는지를 상기해 보라고 권고했다. 그는 묵상을 등한시하는 것이 안전하지 못한 이유는 그것이 영적 양식을 공급하는 가장 중요한 영적 수단 가운데 하나이기 때문이라고 말했다.[3] 토머스 왓슨은 묵상이 너무 어렵다는 변명을 다루면서 묵상의 의무를 올바로 유지해 나가라고 권고했다. "(1) 하나님은 우리가 천국을 위해 노력하기를 원하신다. 우리의 구원을 위해 그리스도께서 피를 흘리셨으니 우리도 땀을 흘리는 것이 마땅하다…(2) 우리는 다른 일을 할 때도 그런 노력을 기울인다…사람들은 금이라면 어떤 수고도 아끼지 않는다. 그렇다면 오빌의 금보다 더 귀한 것을 위해서라면 더욱더 수고하고, 노력해야 마땅하지 않겠는가…(3) 묵상을 처음 시작했을 때는 어렵게 느껴지지만 일단 시작하고 나면 은혜롭고, 유쾌할 것이다."[4] 많은 사람들이 어려움을 느끼는 첫 순간에 성경 읽기를 중단하더라도, 하나님이 우리를 "그리스도 예수 안에 있는 은혜 가운데서 강하게" 해주실 것이다(딤후 2:1). 토머스 맨튼은 "고통을

---

2. Bates, "On Divine Meditation," 3:122.

3. Hooker, *Application of Redemption*, 179 – 82.

4. Watson, *Christian on the Mount*, 74 – 76.

당하느니 노력하는 것이 더 낫고, 어둠의 사슬에 속박되느니 의무의 끈에 묶이는 것이 더 낫다."라고 매우 적절하게 표현했다.[5]

묵상에 재능이 없다

많은 신자들이 성경 교사나 목회자가 될 만한 은사를 받지 못했다. 그러나 교회 안에 은사가 다양한 것은 참으로 감사한 일이 아닐 수 없다. 교제의 식탁을 잘 준비하는 신자들도 있고, 예배당 하수구의 막힌 곳을 잘 뚫는 신자들도 있으며, 예배나 모임 중에 어린아이들을 잘 보살피는 신자들도 있고, 교회의 중요한 경제적인 문제들을 잘 처리하는 신자들도 있다. 그러나 하나님이 자기 백성에게 어떤 종류의 일을 잘하는 능력을 주셨든 상관없이 모든 신자는 묵상을 잘하는 습관을 길러야 할 필요가 있다. 활동력이 강한 신자들이 묵상하기를 어려워하는 이유는 그 목적을 그릇 이해하고 있기 때문이다. 묵상의 목적은 무익한 사변을 장려하는 것이 아니라 성경을 삶에 실천적으로 적용하는 데 있다. 묵상에 대한 리처드 그린햄의 정의를 잊지 말라. 그는 "묵상은 우리가 아는 것을 기억 속으로 불러내 깊이 살피고, 헤아린 연후에 **그것을 실천에 옮기기 위해** 우리 자신에게 적용하는 마음 활동이다."라고 말했다.[6]

한편 어떤 사람들은 타고난 기질상 묵상이 자신에게 적합하지 않

---

5. Manton, "Sermons Upon Genesis 24:53," 17:283.
6. Greenham, "Grave Counsels and Godly Concerns," 37 (emphasis added).

다고 주장한다. 그들은 성격이 진지하거나 사려 깊지 못하다. 물론 묵상을 특별히 어려워하는 사람들이 더러 있을 수는 있지만 그렇다고 해서 그것이 정기적인 묵상을 회피하기 위한 정당한 변명이 될 수는 없다. 맨튼은 이 문제에 대해 이렇게 대답했다. "묵상이 적합하지 않다면 그것은 자연적 부적합성이 아니라 도덕적 부적합성이다. 기질 때문이 아니라 하지 않아서이다. 그리고 도덕적 부적합성은 도덕적인 의무를 면제하지 않는다."[7] 간단히 말해 묵상이 자신에게 잘 맞지 않는다는 이유를 들어 묵상을 거부하는 것은 여호수아서 1장 8절과 시편 1편 2절과 빌립보서 4장 8절과 같은 성경 말씀에 순종하지 않는 것이다. 토머스 후커는 "기술이 부족할수록 더 많이 배워야 할 필요가 있다. 의무의 가치와 중대성이 클수록 그것에 관심을 기울여 더욱 열심히 활용하려고 노력해야 한다."라고 말했다.[8] 전도서 10장 10절은 "철 연장이 무디어졌는데도 날을 갈지 아니하면 힘이 더 드느니라"라고 말씀한다. 윌리엄 베이츠는 묵상의 의무에 부적합하다고 해서 "의무를 면제받을 수는 없다…그런 부적합은 부패한 마음에서 비롯하는 것이다."라고 말했다.[9] 맨튼은 "은사는 다양하지만 우리가 이행해야 할 의무는 다 똑같다. 각자 자기에게 좀 더 잘 맞는 의무가 있을 수 있을지는 몰라도 무시해도 좋

7. Manton, "Sermons Upon Genesis 24:53," 17:271.

8. Hooker, *Application of Redemption*, 176.

9. Bates, "On Divine Meditation," 3:121.

은 의무는 아무것도 없다."라고 매우 균형 있는 관점을 제시했다.[10]

많은 책임을 감당하느라고 너무 바쁘다

일주일은 168시간, 시간의 양은 누구에게나 똑같다. 먹고, 일하고, 잠자는 시간을 빼고 나면 대략 60시간이 남는다. 물론 현대의 미국인들은 과거와 현재를 통틀어 다른 문화권에 사는 사람들에 비해 자유 시간이 더 많다. 삶은 바쁘지만 사람들은 자기가 가장 중요하게 생각하는 일을 하기 마련이다. 신자는 주님을 가장 우선시해야 하기 때문에 여유 시간을 성경 묵상에 할애하는 것은 너무나도 당연하다. 은혜로우신 구원자께서는 "너희는 먼저 그의 나라와 그의 의를 구하라 그리하면 이 모든 것을 너희에게 더하시리라"(마 6:33)라고 가르치셨다. 토머스 왓슨은 사람들이 묵상에 시간을 충분히 할애하지 않는 이유는 영혼을 위해 진리의 보화를 쌓는 것보다 돈을 버는 것을 더 중요하게 생각하기 때문이라고 지적했다. 그는 "그리스도인들이 묵상할 시간이 없다고 말하는 것보다 더 정신 나간 소리가 어디에 있겠는가? 그들이 해야 할 일이 묵상 외에 또 무엇이 있는가?…경건을 위한 일보다 가게나 농장을 돌보는 일을 더 중요하게 생각하는 것이나 직업 활동을 핑계 삼아 거룩함에 이르는 의무를 등한시하는 것은 하나님의 뜻이 아니다."라고 단호히 말했다.[11] 약속의 땅을 정복해야 하는 막중한 사명을 눈앞에 둔 여호

---

10. Manton, "Sermons Upon Genesis 24:53," 17:272.

수아도 묵상의 의무를 등한시할 수 없었다. 베이츠는 "해야 할 일이 아무리 많은 군주일지라도 신앙의 의무를 면해달라고 요구할 수 없다."라고 말했다.[12]

바빠서 묵상하지 못하는 결과가 초래되지 않게 하려면 스스로가 무엇을 중요하게 여기고 있는지를 솔직하게 생각해 봐야 한다. 두 시간짜리 영화를 볼 여유는 있으면서 하나님의 말씀을 읽고, 묵상할 시간은 없는 이유가 무엇일까? 이유는 간단하다. 묵상할 시간을 내지 못하는 이유는 그것을 가치 있게 생각하지 않기 때문이다. 따라서 그런 변명을 내세우지 않으려면 주님을 가장 중요하게 생각하지 못했노라고 솔직하게 고백해야 한다. 잠언 28장 13절은 "자기의 죄를 숨기는 자는 형통하지 못하나 죄를 자복하고 버리는 자는 불쌍히 여김을 받으리라"라고 말씀한다. 성경적인 우선순위에 충실하지 못한 잘못을 극복하려면 먼저 의무를 소홀히 한 죄를 인정하고, 주님의 용서와 도우심을 구해야 한다. 존 볼은 잘못된 우선순위를 바로 잡는 가장 좋은 방법은 주님을 더욱더 뜨겁게 사랑하는 것이라고 말했다. 그는 "사랑은 무엇인가 할 일을 찾는다. 어린아이들이 놀거리를 찾아내는 것처럼 세상을 즐거워하는 사람들은 세상의 일을 하기를 좋아한다. 그러나 그리스도를 우리의 보화로 여겨 사랑한다면 그분 외에는 다른 어떤 것에도 마음을 빼앗기지 않을 것

---

11. Watson, *Christian on the Mount*, 73 –74.

12. Bates, "On Divine Meditation," 3:122.

이다."라고 가르쳤다.[13] 우리는 세상에서 살며, 활동하고 있지만 그리스도와의 관계를 희생하면서까지 세상에 과도하게 집착하지 않도록 주의해야 한다. 윌리엄 페너는 "다윗은 처리해야 할 나랏일이 산적해 있었지만 그 일에만 골몰하지 않고 하나님의 말씀을 묵상했다."라고 지혜롭게 말했다.[14]

어두운 마음과 방황하는 생각 때문에

신자들이 주일에는 좋은 결심을 했다가 주중에는 다시 옛 습관으로 되돌아가는 이유는 무엇일까? 그 이유는 그들이 그런 결심을 경건의 훈련에 힘쓰겠다는 결심과 결부시키지 않기 때문이다. 개인적인 훈련이 은혜가 충만한 신앙생활을 하는 데 아무런 관계가 없다고 생각하는 신자들이 많은데 바울 사도의 생각은 전혀 달랐다. 그는 "경건에 이르도록 네 자신을 연단하라"(딤후 4:7)고 당부했다. 이 훈련에는 육체를 다스리는 것은 물론, 마음과 생각을 다스리는 것까지 포함된다. 사고의 훈련이 되지 않은 탓에 일관된 생각을 하기가 어려워서 묵상하기 힘들다고 변명하는 사람들이 많지만 에드먼드 캘러미는 이를 윤리적인 문제로 취급했다. 그는 그런 사람들을 "선한 것은 무엇이든 오래 생각하지 못하는 경박한 사고의 소유자"로 일컬으면서 "경박한 사고를 지닌 그리스도인들은 선한 그리스도

---

13. Ball, *Divine Meditation*, 123.

14. Fenner, *Divine Meditation*, 7.

인이 될 수 없다."라고 말했다.[15] 왜 그럴까? 그 이유는 생각을 집중하지 않으면 성공적인 신앙생활에 필요한 영적 진리들을 이해하기가 어렵기 때문이다. 토머스 왓슨은 "묵상하려면 묵상의 주제에 생각을 집중해야 한다. 도시나 마을을 말을 타고 빠르게 달려가는 사람은 아무것도 생각하지 않지만 예술가는…사물의 대칭과 비율을 꼼꼼하게 관찰한다. 그는 모든 명암과 색채를 생각한다."라고 말했다.[16]

생각을 훈련하면 정신이 맑고, 진지해져 한 번에 한 가지의 성경 주제에 주의를 집중할 수 있다. 나다나엘 래뉴는 "묵상은 진지한 사고 활동이다."라고 말했다. 묵상할 때는 "마음의 모든 길과 통로, 곧 그곳에서 들고나는 모든 것을 주의 깊게 살피며 굳게 지켜야 한다."[17] 이 말은 긴급한 일이나 문제에 마음을 빼앗기지 않도록 세심한 주의를 기울여야 한다는 뜻이다. 토머스 후커는 산만한 생각을 당연시해서는 곤란하다고 지적했다. 그는 "그런 생각은 질병으로 간주해야 옳다. 그런 상태가 계속 유지되지 않도록 거기에서 벗어날 수 있는 해결책을 강구해야 한다."라고 조언했다.[18] 존 볼도 "우리의 느슨한 마음을 온종일 잘 추슬러 헛되고, 분별없고, 속기 쉬운 생각과 몽상과 유희를 즐기려는 치명적인 습관에 치우치지 않도록

---

15. Calamy, *Divine Meditation*, 68.

16. Watson, *Christian on the Mount*, 26.

17. Ranew, *Solitude Improved*, 20, 23.

18. Hooker, *Application of Redemption*, 169.

다스려야 한다."라고 말했다.[19] 사람들이 성경적인 묵상을 어렵게 생각하는 이유는 하루를 살아가면서 생각을 질서 있게 유지하는 일에 부주의하기 때문이다. 리처드 스틸은 이 문제와 관련해 매우 유익한 조언을 제시했다. 그는 "정신을 산만하게 하는 것을 피하기는 쉽지 않지만 반드시 해야 할 꼭 필요한 일이다. 선한 마리아는 어떤 일로도 그리스도를 생각하는 마음을 흐트러뜨리지 않았다…습관과 실천은 이 일을 훨씬 더 수월하게 만든다."라고 말했다.[20] 베이츠는 "어린아이도 짐승을 다루는 데 익숙해지면 그것을 잘 이끌 수 있다. 그와 마찬가지로 제멋대로 날뛰는 생각도 확실하게 다스리고, 단호하게 명령하면서 신앙의 의무를 이행해 하나님을 섬기기로 굳게 결심한다면 일관되게 유지할 수 있다."라는 말로 훌륭한 정신적 습관을 기르는 방법을 잘 요약했다.[21]

죄책감과 불안감 때문에

요즘 사람들은 끊임없는 배경 소음이 없으면 살아갈 수 없는 것처럼 보인다. 예를 들어 교인들의 가정을 방문해 보면 내가 오기 전이나 머무는 동안이나 가고 난 후에도 계속해서 텔레비전이 켜져 있는 것을 볼 수 있다. 이것은 사람들의 생각을 어수선하게 만드는

---

19. Ball, *Divine Meditation*, 75.

20. Richard Steele, *A Remedy for Wandering Thoughts in the Worship of God* (Harrisonburg, Va.: Sprinkle Publications, 1988), 51 – 53.

21. Bates, "On Divine Meditation," 3:121.

건전하지 못한 습관이다. 조용한 것을 견디기 어려워하는 사람들이 많은 이유는 고요함이 그들의 양심을 일깨우기 때문인 듯하다. 주변이 조용하면 억눌렸던 죄책감이 고개를 쳐들기 시작한다. 그러다 보니 소음과 분주함 속에서 위안을 찾으려는 사람들이 많다. 죄책감을 성경적으로 잘 처리하지 않으면 영혼을 해롭게 하는 행위를 하기 쉽다. 이런 사실이 잠언 28장 1절에 잘 묘사되어 있다. "악인은 쫓아오는 자가 없어도 도망하나 의인은 사자 같이 담대하니라." 떳떳하지 못한 양심에서 비롯하는 결과 가운데 하나는 "도망치는 것", 곧 성경 읽기와 묵상과 기도를 하기 위해 조용한 시간을 마련하는 것을 애써 회피하는 것이다. 볼은 "이것(묵상)을 방해하는 주된 요인은 죄를 회개하지 않고, 마음에 품고 있는 것이다. 그런 죄는 마음의 눈을 흐려 올빼미가 빛을 보지 못하는 것처럼 영적인 일을 볼 수 없게 만든다."라고 설명했다.[22] 불행하게도 죄와 그로 인한 죄책감이 신자들이 조용히 하늘의 진리를 묵상하는 시간을 마련하지 못하는 변명거리가 되고 말았다.

혼자 있는 시간에 양심에서 느껴지는 죄책감을 두려워하지 않으려면 어떻게 해야 할까? 첫째, 주님 앞에서 죄를 솔직하게 인정해야 한다. 양심을 따돌릴 수 있는 사람은 아무도 없기 때문에 즉시 그리스도께로 도망쳐야 한다. 다윗을 본받아라. 그는 "내 죄를 여호와께 자복하리라 하고 주께 내 죄를 아뢰고 내 죄악을 숨기지 아니하

---

22. Ball, *Divine Meditation*, 57–58.

였더니 곧 주께서 내 죄악을 사하셨나이다"(시 32:5)라고 말했다. 볼은 "겸손하고, 진실한 회개와 진심 어린 슬픔과 주저함 없는 고백과 잘못을 고치겠다는 신중한 결심으로 마음이 청결해지기 전에는 이 장애 요인을 제거할 수 없다."라고 설명했다.[23] 둘째, 진실한 회개로 죄를 솔직하게 인정하고 난 뒤에는 그리스도께 용서를 구해 그분의 보혈로 깨끗해져야 한다. 신자는 "동이 서에서 먼 것 같이 우리의 죄과를 우리에게서 멀리 옮기셨으며"(시 103:12)라는 말씀대로 그리스도 안에서 죄가 용서되었다는 사실을 믿어야 한다. 다시 말해 "그 아들 예수의 피가 우리를 모든 죄에서 깨끗하게 하실 것"이라는 믿음이 필요하다. 맨튼은 "그리스도의 보혈로 양심을 깨끗하게 씻어라. 뉘우침이 없는 양심은 불안하고, 불안정하기 때문에 묵상 활동을 하기에 적합하지 않다. 묵상하려면 조용하고, 진지한 생각이 필요하다."라고 말했다.[24] 자신을 질책하는 생각과 죄책감이 남아 있으면 스스로에게 "그렇다. 나는 죄를 지었고, 하나님의 율법을 어겼다. 나는 내 죄를 잘 알고 있다. 그러나 하나님의 은혜로 그리스도 안에서 내 죄가 모두 용서받았다."라고 말해야 한다.

죄책감이 남아 있다는 이유로 조용히 묵상하는 일을 회피하지 말라. 그런 경우에는 오히려 "그러므로 이제 그리스도 예수 안에 있는

---

23. Ball, *Divine Meditation*, 58.

24. Manton, "Sermons Upon Genesis 24:53," 17:285.

자에게는 결코 정죄함이 없나니"(롬 8:1)라는 하나님의 약속을 굳게 의지하라. 아무런 자격도 없다고 절망하지 말고, 행위의 공로가 아니라 그리스도를 힘입어 하나님께 나아가라(히 7:25).

일시적인 쾌락을 좇아 살기 때문에

아마도 대부분 인정하지 않을 테지만 세상이 주는 일시적인 쾌락을 즐기느라고 묵상하지 않는 사람들이 생각보다 훨씬 많다. 맨튼은 "쾌락과 염려가 영혼을 짓누르면 신령한 활동을 통해 하나님께로 올라갈 수 없다."라고 설명했다.[25] 후커는 그런 무관심한 태도가 묵상을 소홀히 하는 주된 원인이라고 밝혔다.[26] 건강하지 못한 세상의 양식으로 마음을 채우는 사람은 묵상을 통해 즐기는 풍성한 영적 만찬에 더 이상 식욕을 느끼지 못한다. 베이츠는 "감각적인 쾌락은 이 의무를 방해하는 또 하나의 요인이다. 세상의 쾌락은 영혼을 혼란스럽게 만들고, 육신을 묵상의 의무를 이행하기에 부적합하게 만든다…영혼이 쾌락에 흠뻑 취하면 마치 이쪽저쪽으로 항상 흐르고, 움직이는 용액처럼 되어 우리를 부적합한 상태로 이끈다."라고 말했다.[27] 세상의 쾌락에 배가 부른 사람들은 심령이 마비되어 영혼의 문제에 진정한 관심을 기울일 수가 없다. 토머스 케이스는 "피조물이 주는 위로에 도취하면 꿀송이보다 더 달콤한 말씀을 역겹게

---

25. Manton, "Sermons Upon Genesis 24:53," 17:285.

26. Hooker, *Application of Redemption*, 167.

27. Bates, "On Divine Meditation," 3:122 – 23.

느낄 때가 많다."라고 설명했다.[28]

묵상에 관심이 없는 상태를 극복하려면 어떻게 해야 할까? 첫째, 일시적인 쾌락으로 마음을 만족시키려고 했던 죄를 솔직하게 인정해야 한다. "내 백성이 두 가지 악을 행하였나니 곧 그들이 생수의 근원되는 나를 버린 것과 스스로 웅덩이를 판 것인데 그것은 그 물을 가두지 못할 터진 웅덩이들이니라"(렘 2:13)라는 예레미야 선지자의 말을 마음에 깊이 새겨야 한다. 둘째, 우상숭배의 죄를 지었다고 기꺼이 인정해야 한다. 성경은 "간음한 여인들아 세상과 벗된 것이 하나님과 원수 됨을 알지 못하느냐 그런즉 누구든지 세상과 벗이 되고자 하는 자는 스스로 하나님과 원수되는 것이니라"(약 4:4)라고 말씀한다. 셋째, 그리스도께 헌신하려는 마음을 빼앗는 활동이나 일을 멀리해야 한다. 맨튼은 "영혼을 항상 의무를 이행하기에 적합한 상태로 유지하기 위해 노력하라. 일의 순서를 지혜롭게 잘 결정해 반드시 해야 할 의무를 등한시하는 일이 없게 하라."라고 당부했다.[29] 바울이 고린도 신자들을 위해 두렵게 느꼈던 것을 똑같이 두려워하라. 그는 "뱀이 그 간계로 하와를 미혹한 것 같이 너희 마음이 그리스도를 향하는 진실함과 깨끗함에서 떠나 부패할까 두려워하노라"(고후 11:3)라고 말했다. 넷째, 그리스도와 사랑의 교제를 나누는 것이 진정으로 아름답고, 즐거운 일이라는 사실을 깨달아야 한

---

28. Thomas Case, "The Rod and the Word," in *The Select Works of Thomas Case* (Ligonier, Pa.: Soli Deo Gloria, 1993), 34–35.

29. Manton, "Sermons Upon Genesis 24:53," 17:286.

다. 그리스도를 진정으로 사랑하고, 즐거워하지 않으면 죄를 버릴 수 없다. 주님께 "내게 즐겁고 기쁜 소리를 들려 주시사…주의 구원의 즐거움을 내게 회복시켜 주소서"(시 51:8, 12)라고 기도하라. 베이츠는 "경건의 즐거움은 그 어떤 감각의 즐거움과도 족히 비교될 수 없다. 이 사실을 절대 잊지 말라. 묵상의 의무를 이행함으로써 영혼에 주어지는 은혜와 기쁨을 직접 맛본다면 이 의무를 독려하기 위한 그 어떤 논증도 필요하지 않을 것이다."라고 결론지었다.[30]

묵상을 방해하는 오늘날의 요인들

묵상의 의무를 회피하기 위해 사람들이 내세우는 변명이 많은 것처럼 묵상의 실천을 방해하는 요인들도 많다. 다양한 유혹이 신자들을 끊임없이 공격하고 있는 오늘날의 시대에는 특히 더 그렇다.

정신을 산만하게 하는 오락과 각종 도구들

우리는 정신을 산만하게 하는 것들이 만연한 시대에 살고 있다. 휴대전화를 사용하면 세계 어느 곳에 있는 사람들과도 즉시 소통할 수 있다. 또 집에는 채널이 수백 개에 이르는 텔레비전이 비치되어 있고, 건물마다 록 음악이 요란한 소리로 우리의 생각을 마비시킨다. 플로리다에서부터 캘리포니아까지 위성 라디오를 통해 동일한

---

30. Bates, "On Divine Meditation," 3:123.

방송 프로그램을 들으면서 이동할 수 있다. 게다가 인터넷은 어떤 주제를 검색하든 즉각 많은 정보를 제공한다. 이런 편리함에서 오는 결과는 무엇일까? 오늘날 우리 사회에는 생각이 산만한 사람들이 가득 차고 넘친다. 그들은 성경적인 묵상이라는 사려 깊은 삶과 정반대되는 문화 속에서 살아간다. 에드먼드 스미스는 이런 현상을 아래와 같이 묘사했다.

> 전자 시대에 살고 있는 우리는 오래 생각하는 일을 매우 어려워한다. 텔레비전은 그런 사고 활동을 저해한다…텔레비전에 나오는 한 장면의 길이는 평균 3.5초. 우리의 눈은 잠시도 한 곳에 고정되지 못한 채 항상 새로운 것을 봐야 하는 셈이다. 그리스도인들도 전기 영상의 마법에 홀린 상태로 그것에 현혹된 채 몇 시간씩 흘려보낸다…심지어 요즘에는 용어들의 의미를 진지하게 생각하려고 노력하는 것은 고사하고 성경을 읽는 일조차 어렵게 느끼는 그리스도인들이 많다.[31]

우리는 정신을 산만하게 만드는 문화 속에 살고 있지만 하나님은 정신을 집중해 영적 진리를 생각하라고 요구하신다. 브리지는 올바로 묵상하려면 정신을 집중해야 할 필요가 있다고 설명했다. 그는 "정신을 집중해야만 묵상할 수 있다. 산만하고, 불안정한 영혼은 묵

---

31. Smith, *Tree by a Stream*, 6.

상할 수 없다."라고 말했다.[32]

신자가 정신을 끊임없이 산만하게 만드는 세상에서 생존하려면 각별한 주의를 기울여 시간을 잘 활용해야 한다. 다시 말해 정신을 혼란스럽게 만들어 조용히 주님과 교제를 나누는 일을 불가능하게 하는 일은 무엇이든 기꺼이 포기해야 하고, "모든 무거운 것과 얽매이기 쉬운 죄를 벗어 버리고 인내로써 우리 앞에 당한 경주를 하며 믿음의 주요 또 온전하게 하시는 이인 예수를 바라보자"(히 12:1, 2)라는 성경 말씀에 의식적으로 순종하려고 노력해야 한다. 래뉴는 "묵상을 원하거나 의도할 때는 우리의 생각을 방해하거나 산만하게 만드는 것은 그 어떤 것도 용납해서는 안 된다."라고 말했다.[33] 최신 영화, 스포츠 게임, 시트콤, 유튜브 동영상을 즐기며 사는 것이 현대인의 전형적인 삶이다. 신자는 그와는 다르게 "병사로 복무하는 자는 자기 생활에 얽매이는 자가 하나도 없나니 이는 병사로 모집한 자를 기쁘게 하려 함이라"(딤후 2:4)라는 말씀을 실천에 옮겨야 한다. 스미스는 "현대 문화 속에서 만족스럽고, 결실 있는 삶을 살려면 자극적인 것이 없어 보이는 묵상의 기술을 다시 익히는 것이 필요하다."라고 지혜롭게 조언했다.[34]

---

32. Bridge, "The Way and Work of Meditation," 3:149.

33. Ranew, *Solitude Improved*, 20.

34. Smith, *Tree by a Stream*, 6.

경건하지 못한 친구들의 영향

미국인들은 스스로가 주변 문화에 영향을 받지 않는 고립된 섬인 척하는 것을 좋아한다. 심지어 사람들은 자신이 주변 사람들의 견해와 가치관에 지배되지 않고, 독립적으로 생각하는 사람이라는 사실에 자부심을 느끼기까지 한다. 이런 상황을 고려할 때 묵상을 주제로 다룬 위대한 시편이 "복 있는 사람은 악인들의 꾀를 따르지 아니하며 죄인들의 길에 서지 아니하며 오만한 자들의 자리에 앉지 아니하고 오직 여호와의 율법을 즐거워하여 그의 율법을 주야로 묵상하는도다"(시 1:1, 2)라는 경고의 말씀으로 시작하는 것은 시사하는 바가 매우 크다. 복 있는 사람은 악인의 꾀를 따르지 않고 경건한 태도로 묵상에 힘쓴다.

많은 청교도가 경건하지 못한 동료나 친구들을 경건한 묵상을 방해하는 중요한 요인으로 손꼽았다. 페너는 패역한 세상에서 구원을 받으라는 베드로의 말을 상기하며(행 2:40) "무익한 친구들"을 묵상을 방해하는 첫 번째 요인으로 간주했다. 그는 "사탄과 그의 사악한 도구들이 우리의 영혼이 느끼는 경건한 두려움을 빼앗아가지 못하게 하자."라고 말했다.[35] 후커도 "세상에서 천박한 친구들과 동료들보다 거룩한 묵상을 가장 크게 방해하는 것은 없다. 이치상으로 볼 때 그런 천박한 사람들과 어울리는 동안에는 스스로의 마음과 행위를 살피고, 점검할 가능성은 거의 없다."라고 말했다.[36] 잠언 13

---

35. Fenner, *Divine Meditation*, 6.

장 20절은 "지혜로운 자와 동행하면 지혜를 얻고 미련한 자와 사귀면 해를 받느니라"라고 말씀한다. 신자가 주님의 진리에 아무 관심도 없는 사람들과 어울리면 묵상의 습관을 기르기 어렵다. 스미스는 "불신자들의 영향을 받지 않기 위해 그들과 어울리는 것을 중단할 각오가 되어 있지 않으면 참된 영적 묵상에 마음을 기울이기가 불가능하다."라고 경고했다.[37]

세상으로부터 단호히 분리되지 못하는 잘못

아마도 오늘날 가장 많이 무시되는 성경의 명령이 있다면 세상을 멀리하라는 명령일 것이다. 하나님은 바울을 통해 "너희는 그들 중에서 나와서 따로 있고 부정한 것을 만지지 말라"고 명령하셨다(고후 6:17). 사실 신자들 대다수가 세상의 가치관과 철학에 동화된 상태다. 그들은 무신론적인 시대의 정신을 멀리하려고 하지 않는다. 그로 인한 결과가 항상 분명하게 드러나는 것은 아니다. 타이어에서 공기가 서서히 빠지듯 주님을 향해 나가려는 움직임이 서서히 둔해진다. 왜 그럴까? 스미스는 "겉으로 해가 없거나 중립적으로 보이는 일도 주님의 율법을 묵상하지 못하게 만들어 그분의 뜻을 기쁘게 행하려는 생각을 방해한다면 실제로는 악한 일이 될 수 있다."라고 적절하게 지적했다.[38]

---

36. Hooker, *Application of Redemption*, 176.

37. Smith, *Tree by a Stream*, 5.

38. Smith, *Tree by a Stream*, 4.

신자가 세상을 멀리하지 않으면 결국에는 꽃들이 가득한 방 안에 놓인 썩은 생선 냄새처럼 세상의 악취가 그의 마음과 생각을 오염시킬 것이 틀림없다. 그렇게 되면 신자는 묵상이 주는 유익을 즐기거나 바라지 않게 될 것이다. 캘러미는 "마음을 세상으로부터 멀리 떼어놓으려고 노력하라. 세상 안에서 죽어 파묻힌 사람은 묵상의 산에 오르라고 설득해봤자 아무 소용없다."라고 말했다.[39] 어셔는 "구원의 지식과 지혜를 얻고 싶으면 세상에서 물러나 골방에 들어가라. 그곳에 있으면 하나님이 말씀하실 것이다."라고 말했다.[40] 조셉 홀은 묵상을 위한 필요조건은 "속된 생각을 멀리하는 것이다."라고 말했다.[41]

하나님의 자녀들은 세상을 사랑하는 사람들의 습관과 목표를 따르면 묵상의 사람이 될 수 없다는 사실을 분명하게 이해해야 한다. 승리하는 신자가 되려면 세상에서 나그네로 지내는 동안 마음을 하늘에 두고 살아가야 한다. 왓슨은 이렇게 말했다. "묵상하려면 세상에서 물러나야 한다. 세상은 묵상을 방해한다. 그리스도께서는 기도하기 위해 홀로 한적한 산으로 물러나셨다. 우리도 묵상할 때는 그렇게 해야 한다."[42] 브리지는 다음과 같이 모든 신자에게 필요한 조언을 제시했다.

39. Calamy, *Divine Meditation*, 155.

40. Ussher, *Meditation*, 24 –25.

41. Hall, "Art of Meditation," 76.

42. Watson, *Gleanings*, 104.

하나님과 그분의 일을 묵상하고 싶을 때는 마음과 손에 세상과 세상의 일이 너무 가득 들어차 있지 않도록 주의하라. 손에 세상의 일이 가득할수록 세상을 더 많이 생각하고, 하나님과 그분의 일은 덜 생각하게 된다. 많은 사람이 하나님과 그분의 일을 그토록 적게 묵상하고, 생각하는 이유는 그들의 마음에 세상이 가득 들어차 있기 때문이다. "네 보물이 있는 그곳에는 네 마음도 있느니라"(마 6:21).[43]

이런저런 변명이나 방해 요인들 때문에 묵상하지 못하는 것은 어리석을 뿐 아니라 매우 위험하기까지 하다. 잠시 따끔한 아픔이 두려워서 치명적인 질병을 막기 위한 예방 주사를 거부하는 것이 과연 온당할까? 캘러미는 변명을 내세우는 사람들에게 "이 의무(묵상)를 이행하지 않는 것이 모든 죄의 원인이다."라고 경고했다.[44] 왓슨은 "묵상의 산에 오를 때는 세상의 모든 근심 걱정을 산 밑에 내려놓고, 홀로 하늘을 거닐어야 한다."라고 말했다.[45]

---

43. Bridge, "The Sweetness and Profitableness of Divine Meditation," 132.

44. Calamy, *Divine Meditation*, 30. 캘러미는 30-41쪽에서 묵상하지 않는 것이 모든 죄의 원인이라는 자신의 주장을 뒷받침하기 위해 열두 가지 이유를 제시했다.

45. Watson, *Christian on the Mount*, 25 – 26.

12장
묵상의 습관을 기르기 위한 첫걸음

찰스 스펄전은 약 100년 전에 "말씀을 놓고 기도하면 그리스도의 사랑의 높이와 깊이와 길이와 넓이를 계속해서 새롭게 발견해 나갈 수 있기 때문에 큰 기쁨을 누릴 수 있다."라고 말했다.[1] 이번 장에서는 기도와 준비와 인내로 묵상의 습관을 시작할 수 있는 방법을 잠시 살펴볼 생각이다.

의지하는 태도로 하나님의 도우심을 간구하라

성공적인 묵상이 이루어지기까지는 수많은 장애 요인이 있기 때문

---

1. Charles Spurgeon, *Quoting Spurgeon*, ed. Anthony J. Ruspantini (Grand Rapids: Baker, 1994), 109 (emphasis original).

에 히브리서 4장 16절은 "긍휼하심을 받고 때를 따라 돕는 은혜를 얻기 위하여 은혜의 보좌 앞에 담대히 나아가라"고 명령한다. 정기적인 묵상의 습관을 기르는 것은 우리의 힘으로 이루거나 시도할 수 있는 일이 아니다. 먼저 진실한 복종의 태도로 기도의 활을 구부리지 않으면 묵상의 화살을 똑바로 날릴 수 없다. 발전기가 증기로부터 에너지를 만들어내는 것처럼 기도는 하나님으로부터 능력을 끌어낸다. 신자가 기도로 묵상을 이끌면 그 일이 잘 이루어져 그리스도께서 영광을 받으신다. 토머스 화이트도 묵상할 때 의지하는 태도로 주님의 도우심을 간구했다. 그는 "주님이 도와주지 않으시면 선한 것을 알지도, 결심하지도, 행할 수도 없습니다. 왜냐하면 주님이 기뻐하시는 뜻과 행위가 모두 주님으로부터 비롯하기 때문입니다. 주님, 이 의무를 부주의하게 형식적으로 하지 않고, 온 힘을 다해 할 수 있도록 은혜를 베풀어 주시기를 간구합니다."라고 기도했다.[2] 다른 신앙의 의무들과 마찬가지로 묵상도 기도가 뒷받침되어야 한다. 그렇지 않으면 이 좋은 의무가 한갓 공허한 의식으로 전락하기 쉽다.

신자는 기도로 자신이 주님께 의존하고 있다는 사실을 인정해야 할 뿐 아니라 기도 없이는 묵상의 의무를 옳게 이행할 수 없다는 것을 깊이 의식해야 한다. 바울은 고린도후서 3장 5절에서 "우리가 무슨 일이든지 우리에게서 난 것 같이 스스로 만족할 것이 아니니 우

---

2. White, *Divine Meditation*, 42.

리의 만족은 오직 하나님으로부터 나느니라"라고 말했다. 윌리엄 브리지는 "하나님과 그분의 일을 묵상하려면 하나님께 묵상의 기술을 가르쳐 달라고 기도하라. 형제들이여, 묵상은 하나님 외에는 그 누구도 가르칠 수 없는 거룩한 기술이다. 이 기술을 배우려면 하나님께 나아가 가르침을 구하라."라고 권고했다.[3] 빌헬무스 아 브라켈은 "영적인 묵상은 하나님의 성령께서 행하시는 사역이다. 신자 스스로는 이 일을 감당할 수 없다."라고 말했다.[4]

우리의 거짓된 마음은 우리가 혼자 힘으로 신앙생활을 할 수 있는 능력을 타고났다고 믿게 만든다. 오직 겸손한 기도만이 그런 악한 생각을 물리칠 수 있다. 리처드 그린햄은 "무엇을 하든지 먼저 '우리에게 성령을 허락하시고, 우리가 더하지도, 감하지도, 너무 과하지도, 너무 부족하지도 않게 하소서'라고 기도해야 한다."라고 말했다.[5] 묵상의 의무는 어렵게 느껴질 수 있다. 그러나 우리는 그 일을 혼자서 하지 않는다. 주 예수님은 우리의 생각과 행위로 자기를 기쁘게 하는 삶을 살아갈 수 있는 은혜를 풍성하게 베푸시겠다고 약속하셨다. 결국 우리도 토머스 맨튼이 "우리의 결심은 일시적이고, 쉽게 사라진다. 따라서 우리 자신과 우리가 가진 모든 것을 그분께 바치겠다는 우리의 결심이 끝까지 유지되도록 하나님이 도와주

---

3. Bridge, "The Work and Way of Meditation," 3:152.

4. a Brakel, "Spiritual Meditation," 4:28.

5. Greenham, "Grave Counsels and Godly Concerns," 41.

셔야 한다."라고 말한 것이 사실임을 알게 될 것이다.[6]

묵상의 어려움을 기꺼이 인정하라

어떤 일이든 새로 시작할 때는 예기치 않은 어려움을 당하게 될 것에 미리 대비해야 한다. 그래야만 실망감을 최소화시킬 수 있다. 최근에 나는 우리 집 지하실 배수구를 뚫기 위해 설비업자의 도관 청소기를 빌렸다. 나는 과거의 경험으로 미루어 볼 때 내가 계획한 대로 일이 순조롭게 잘 풀리지는 않을 것을 미리 짐작하고 별로 달갑지 않은 그 일을 하기 시작했다. 그렇게 하자 짜증을 내거나 실망하지 않고 작업을 잘 끝마칠 수 있었다. 바울은 로마서 7장 후반부에서 심지어 가장 고귀한 신앙의 의무를 이행할 때도 어려움이 뒤따른다는 사실을 기꺼이 인정했다. 요점은 분명하다. 즉 믿음이 고통스럽고, 불완전하고, 혼란스러운 과정을 거쳐 성장하는 것은 지극히 정상적인 일이다. 따라서 힘써 노력해야 할 만한 가치가 충분하다. 나다나엘 래뉴는 내주하는 죄로 인해 고민하는 바울의 상황을 언급하며 자신의 경험을 다음과 같이 솔직하게 털어놓았다. "묵상해야 할 때 지독히도 하기 싫은 생각이 들고, 반발심만 크게 느껴질 때가 많다…그 일을 할 때면 아무런 활력도 없이 온통 무기력하기만 하

---

6. Manton, "Sermons Upon Genesis 24:53," 3:281.

다."[7]

묵상이 그토록 어려운 이유는 무엇일까? 래뉴는 "묵상이 다른 경건의 의무들보다 더 어려운" 이유를 다양하게 제시했다. 묵상은 겉으로 드러나는 책임이 뒤따르는 일이 아닌 데다가 사탄이 몹시 싫어하는 일이다. 더욱이 삶은 매우 분주하고, 생각은 종잡기가 어려우며, 정신은 나태해지기 쉽다.[8] 따라서 우리는 적개심에 불타는 적군들에게 밀리지 않겠다고 굳게 결의를 다지는 병사처럼 행동해야 할 필요가 있다. 일이 어렵다고 해서 기쁨도 없을 것이라고 생각해서는 안 된다. 나의 아내는 다섯 딸을 낳으면서 큰 고통을 겪었지만 그런 고통과 괴로움에는 항상 좋은 결과로 인한 기쁨이 뒤따랐다. 어려운 일이 주는 또 하나의 유익은 육체의 가시가 우리를 겸손하게 만든다는 것이다. 존 볼은 "하나님이 우리의 무가치함과 겸손을 일깨우기 위해 우리를 사탄에게 넘겨주어 시달리게 만드시는 일이 없게 하려면 자만심을 경계해야 한다."라고 말했다.[9]

인내하며 묵상의 습관을 유지하라

신자의 품성은 올바른 일을 중단하게 만드는 요인에 의해 테스트된다. 잠언 24장 10절은 "네가 만일 환난 날에 낙담하면 네 힘이 미약

---

7. Ranew, *Solitude Improved*, 8 – 9.

8. Ranew, *Solitude Improved*, 166 – 68.

9. Ball, *Divine Meditation*, 76.

함을 보임이니라"라고 말씀한다. 이 구절은 힘들더라도 포기하지 말고 인내하라고 가르친다. 묵상을 처음 시작했을 때는 특히 더 그래야 한다. 익숙해지기까지는 적지 않은 노력이 필요하다. 묵상을 처음 시작하기가 항상 쉬운 것은 아니다. 캘러미는 "이 의무를 처음 시작했을 때 어려움이 있더라도 낙심하지 말고, 익숙해질 때까지 노력하라. 그러면 습관으로 완벽하게 굳어질 것이다."라고 격려했다.[10] 토머스 화이트도 자신의 경험을 토대로 "묵상에 익숙하지 않은 신자들에게는 그 일이 낯설고, 어렵게 느껴질 것이다. 그러나 결국에는 이것이 그리스도의 멍에처럼…매우 즐겁거나 최소한 매우 유익한 일이라는 것을 알게 될 것이다."라고 말했다.[11]

나의 막내딸은 이제 막 걸음마를 시작해 비틀거리면서 방안을 걸어 다닌다. 그 아이는 불안정한 걸음으로 몇 발자국 걷다가 바닥에 쿵 하고 주저앉으면서도 설렘과 기대의 표정을 짓는다. 비틀거린다는 것은 좋은 일이 시작되었다는 징후다. 진정으로 가치 있는 일은 무엇이든 처음 시작해서 계속 유지하려면 큰 노력이 필요하다. 캘러미는 "거룩한 묵상은 인내를 요구한다. 이 의무를 이행하려면 당장에 기대했던 위로와 유익을 발견하지 못하더라도 끝까지 인내해야 한다."라고 말했다.[12]

인내는 반드시 필요하다. 묵상은 다른 어떤 의무보다도 가장 강

---

10. Calamy, *Divine Meditation*, 157.

11. White, *Divine Meditation*, 25 – 26.

12. Calamy, *Divine Meditation*, 112.

력한 저항에 부딪힌다. 토머스 보스턴은 "이 의무를 시작했거든 끝까지 해내겠다는 결심이 필요하다. 왜냐하면 사탄이 관심을 다른 곳으로 돌리게 하려고 애쓸 것이기 때문이다."라고 조언했다.[13] 에드먼드 스미스는 "묵상이 신자에게 그토록 큰 축복을 가져다주는 일이라면 당연히 사탄이 우리의 생각을 사납게 공격할 것을 예상하고, 그런 공격에 적절하게 대처해야 할 필요가 있다."라고 말했다.[14] 래뉴는 "이 일을 시작하려고 할 때면 마음의 모든 문을 꽁꽁 걸어 잠그고 움직이기를 거부하라…사탄과 어둠의 권세도 가만히 있지 않을 것이다…따라서 이 의무를 시작할 때는 극도로 신중해야 한다. 시작이 좋으면 절반은 성공한 셈이다."라고 조언했다.[15] 묵상은 인내를 필요로 하기 때문에 "내게 능력 주시는 자 안에서 내가 모든 것을 할 수 있느니라"(빌 4:13)라는 말씀을 굳게 붙잡아야 한다. 일관된 습관을 길러 나간다면 묵상이 차츰 쉬워질 것이다. 맨튼은 "하나님과의 교제가 낯설어지지 않고, 의무에 부적합한 상태가 되지 않으려면 날마다 노력해야 한다."라고 말했다.[16]

---

13. Boston, "Duty and Advantage of Divine Meditation," 4:456.

14. Smith, *Tree by a Stream*, 19.

15. Ranew, *Solitude Improved*, 23.

16. Manton, "Sermons Upon Genesis 24:53," 3:298.

결론:
묵상과 개인의 경건

―――――

성경적인 묵상에 대한 논의가 막바지에 달한 시점에서 마지막으로 그리스도인의 삶이라는 큰 틀 안에서 묵상이 차지하는 위치를 잠시 생각해 보고자 한다.

묵상은 점진적인 성화에 꼭 필요한 은혜의 수단이다

신자의 궁극적인 목표는 예수 그리스도의 형상을 이루어 하나님을 영화롭게 하는 것이다(롬 8:28-30; 고후 3:18). 그리스도의 형상을 닮는 일은 즉각적으로 이루어지지 않고, 점진적으로 이루어진다. 점진적인 성화의 과정은 모두 주님의 은혜를 통해 이루어지지만 신자들도 거기에 동참해야 할 책임이 있는 의무이다. 바울은 "오직 너희의 심령이 새롭게 되어 하나님을 따라 의와 진리의 거룩함으로 지으심을 받은 새 사람을 입으라"(엡 4:23, 24)라는 말로 이런 점진적인 변화를 묘사했다. 이 말씀은 심령이 새롭게 되어 새로운 관점을 얻고 그것으로 죄악된 태도를 대체함으로써 하나님의 형상을 닮아간다고 가르친다. 죄에 대한 싸움은 마음의 생각에서부터 시작한다. 이것이 묵상이 그토록 중요한 이유다. 묵상은 성경적인 사고를 독려하고, 마음을 새롭게 하며, 죄를 극복하고, 그리스도의 형상을 본받게 하기 위해 하나님이 정하신 계획의 일환이다.

묵상을 제거하면 육신과의 싸움에 사용되는 가장 중요한 무기 가운데 하나가 없어진다. 그것은 권총만 들고 탱크와 싸우러 나가는 것이나 다름없다. 에드먼드 캘러미는 "거룩한 묵상은…죄에 대한 보편적인 치유책이다. 묵상은 선을 독려하고, 경건을 증대시킨다. 그것은 마귀의 유혹을 물리칠 수 있는 무적의 갑옷이다."라고 말했다.[1] 유혹이라는 거인이 마음의 문을 두드릴 때 묵상은 영적 난쟁이가 되어 뒷걸음질치려는 경향을 차단한다.[2] 토머스 왓슨은 "거룩한 묵상은 헛되고, 그릇된 생각을 몰아낸다."라고 말했다.[3] 제레마이어 버러스는 묵상은 "생각을 주의 깊게 단속하고, 심령이 제멋대로 세상을 향해 너무 멀리 달려가지 않게 만드는" 하나님의 계획이라고 말했다.[4] 존 볼은 성화를 이루는 묵상의 사역을 이렇게 설명했다.

1. Calamy, *Divine Meditation*, 72.

2. Calamy, *Divine Meditation*, 206.

3. Watson, *Christian on the Mount*, 90

4. Burroughs, *Earthly-Mindedness*, 73.

"묵상은 굳은 마음을 부드럽게 해주고, 안팎의 시련으로 인한 고달 픔을 달래주는 치료약이다. 그것은 세상의 쾌락과 편리함이라는 달 콤한 미끼를 물리쳐 그것들이 우리를 중독시키지 못하게 만드는 데 탁월한 효력을 지닌 예방책이다."[5]

묵상은 즐거운 오락을 좋아하는 마음을 그리스도를 사랑하는 마음으로 바꾸어놓는다

견실하고, 경건한 묵상의 사람이 되고 싶은 사람에게 내가 해줄 수 있는 최선의 조언은 텔레비전을 끄고, 오락에 지배당하려는 유혹을 단호히 물리치라는 것이다. 켄트 휴즈는 "엄청난 잠재력을 지닌 신 자의 생각이 오히려 기독교적인 생각이 없는 그리스도인들, 곧 기 독교적으로 생각하지 않는 그리스도인들을 양산함으로써 오늘날의 교회를 크게 수치스럽게 만들었다."라는 말로 세상의 프로그램과 오락물에 생각을 온전히 빼앗긴 현실을 개탄했다.[6] 그리스도와의 친밀한 교제를 포기하고 텔레비전을 선택한 신자들에게는 에베소 교회에게 주어진 말씀("너를 책망할 것이 있나니 너의 처음 사랑을 버렸느니라"-계 2:4)이 고스란히 적용된다.

성경적인 묵상은 오락을 사랑하는 불건전한 마음을 버리라고 억

---

5. Ball, *Divine Meditation*, 21.

6. R. Kent Hughes, *Disciplines of a Godly Man* (Wheaton, Ill.: Crossway Books, 1991), 71 –72.

지로 강요하기보다 더 큰 기쁨과 순수한 사랑을 제시함으로써 그리스도께로 마음을 향하도록 이끈다. 조지 스윈녹은 "성도는 시끄럽고, 요란스러운 세상의 일과 친구들로부터 자신을 격리시켜 구주와 좀 더 자유롭고, 친밀한 교제를 나눠야 한다."라고 말했다.[7] 토머스 브룩스는 "인간은 모든 선의 원천이신 주님을 알기 전에는 선하게 될 수 없다. '영생은 곧 유일하신 참 하나님과 그가 보내신 자 예수 그리스도를 아는 것이니이다'(요 17:3)"라고 말했다.[8] 그리스도께서는 묵상을 통해 자기 백성들에게 그 어떤 영화나 웹사이트도 제공할 수 없는 것(영광과 은혜의 주님이신 예수 그리스도와 나누는 지속적인 사랑의 교제)을 허락하신다. 게다가 그리스도께서는 자신의 은혜를 구하는 데 필요한 능력까지 허락하겠다고 약속하셨다. 캘러미는 "예수 그리스도께서 주시는 능력으로 이 모든 일을 하라. 나는 이런 일을 우리 힘으로 할 수 있다고 생각하지 않는다. 그리스도 안에 능력이 있다. 그분이 우리에게 능력을 주실 것이다."라고 말했다.[9] 누가 어리석게도 금을 돌과 바꿀 것인가? 누가 그리스도의 사랑을 아는 것과 할리우드의 더러운 오물을 맞바꿀 것인가? 왓슨은 이렇게 조언했다. "전에 묵상을 소홀히 했다면 그렇게 한 것을 애통하게 여기고, 양심이 이끄는 대로 묵상을 시작하라. 거룩한 묵상으로 하나님과 단둘이 마

---

7. Swinnock, *The Christian Man's Calling*, 2:404.

8. Thomas Brooks, "Apples of Gold," in *The Works of Thomas Brooks*, ed. Alexander B. Grosart (1861 – 1867; repr., Edinburgh: Banner of Truth Trust, 1980), 1:240.

9. Calamy, *Divine Meditation*, 158.

주하라. 묵상의 산에 올라 그 정상에 올라서면 그리스도와 하늘나라가 뚜렷하게 보일 것이다."[10]

묵상을 즐기는 법을 배우라

내가 이 책을 쓰면서 느꼈던 가장 큰 우려 가운데 하나는 신자들이 묵상을 마치 미니양배추를 먹는 것처럼 생각할지도 모른다는 것이었다. 묵상은 별로 즐거운 일이 못 되지만 유익하기 때문에 참고 잘 유지해 나가야 한다는 말은 전혀 사실이 아니다. 신자인 우리는 하나님의 말씀을 묵상하는 시간을 즐겁게 보낼 수 있다. 묵상의 시간은 성령께서 그리스도 안에서 새 생명의 은혜로 우리의 영혼에 힘을 공급해 주시는 시간이다. 묵상의 시간은 씁쓸한 식물을 먹는 것과 조금도 비슷하지 않다. 묵상의 시간은 오히려 하나님의 말씀으로 차려진 진수성찬을 맛보는 것과 같다. 합리주의를 표방하는 회의론자들에게 맞서 대각성 운동을 옹호했던 조나단 에드워즈는《신앙과 정서》라는 책에서 그리스도와 동행하는 신자는 삶의 경험 속에서 즐거움을 만끽할 수 있어야 한다고 강조했다. 그런 기쁨이 없는 것은 거짓이다. 에드워즈는 베드로전서 1장 8절("예수를 너희가 보지 못하였으나 사랑하는도다 이제도 보지 못하나 믿고 말할 수 없는 영광스러운 즐거움으로 기뻐하니")을 인용해 자신의 주장을 뒷받침했다. 기독교는 기쁨이 없

---

10. Watson, *Christian on the Mount*, 71.

는 단조로움과는 거리가 멀다. 신자는 그리스도와의 영원한 연합을 통해 주어진 축복 안에서 갈수록 더 많은 기쁨을 느낄 수 있어야 한다.

우리는 묵상을 신앙의 의무이자 놀라운 특권으로 받아들여야 한다. 윌리엄 브리지는 "묵상을 율법적인 태도로 이행하지 않도록 조심해야 한다. 묵상을 단순히 의무로만 생각하면, 곧 그리스도와 상관없이 하나님에 관한 것을 묵상하는 것으로만 생각하면 율법적으로 변질되기 쉽다."라고 경고했다.[11] 나다나엘 래뉴는 "묵상이 따분하고, 충충하고, 활기 없는 일이 되어서는 안 된다. 비유하면 바퀴 빠진 애굽의 병거가 아니라 아비멜렉의 병거를 모는 것 같아야 한다···묵상하기 위해 신속히 달려간다면 그것은 곧 묵상을 즐거워한다는 증거다."라고 말했다.[12] 존 볼은 묵상하지 않는 신자들을 꾸짖었다. 그는 "세상에서 나그네로 살아가는 동안 하나님이 허락하신 특권 가운데 채 10분의 1도 즐기지 못하는 신자들이 그토록 많은 이유는 묵상의 의무를 등한시하기 때문이다."라고 말했다.[13] 신앙의 의무를 단지 의무로만 생각하지 않고, 즐거운 특권으로 생각하는 신자는 기쁨으로 그 일을 계속해 나간다. 가족의 권리이자 가보로 알고 있는 것을 누리고 싶어 하지 않을 사람은 아무도 없을 것이다. 빌헬무스 아 브라켈은 묵상을 다음과 같이 정의했다.

11. Bridge, "The Way and Work of Meditation," 3:153.

12. Ranew, *Solitude Improved*, 32.

13. Ball, *Divine Meditation*, 50.

묵상은 경건한 사람, 곧 마음을 세상이 아닌 하늘에 둔 사람이 하나님과 그분의 일에 관해 이미 알고 있는 진리를 자세히 살피고, 생각하는 영적 활동을 가리킨다. 그가 이 활동을 하는 이유는 거룩한 신비 속으로 더 깊이 이끌려 들어가고, 사랑으로 불타오르며, 위로를 받고, 신앙생활을 활기 있게 해나가기 위해서다.[14]

묵상을 우선순위를 두라

신앙생활의 실천적인 목표는 그리스도를 "만물의 으뜸"으로 삼는 것이다(골 1:18). 신자는 하나님을 으뜸으로 삼아야 마땅하지만 하루 중 가장 맑은 생각과 가장 활기찬 기운을 그분께 바쳐야 한다는 것을 항상 의식하지는 못한다. 브리지는 이 점을 염두에 두고 "홀로 조용히 하나님과 그분의 일을 묵상하지 않는 사람에 대해 뭐라고 말해야 할까? 하루나 반나절은커녕 단 한 시간도 하나님과 그분의 일을 혼자서 조용히 묵상하지 않는 사람들을 과연 경건하다고 말할 수 있을까?"라고 물었다.[15] 묵상을 우선시하지 않는 사람은 그리스도를 으뜸으로 생각한다고 말할 수 없다. 그리스도를 으뜸으로 삼는다는 것은 하루의 일과를 모두 그분의 통치 아래 복종시키는 것을 의미한다. 버러스는 "세상에서 할 일이 많더라도 우리의 시간을

---

14. a Brakel, "Spiritual Meditation," 4:25.

15. Bridge, "The Sweetness and Profitableness of Divine Meditation," 3:139.

조심해서 사용해야 한다. 우리는 종이기 때문에 주인이신 주님의 일을 소홀히 해서는 안 된다…하늘나라에서 살게 될 그리스도인들은 하늘의 일을 할 수 있는 기회를 찾아야 한다."라고 말했다.[16]

묵상이 성경의 명령이자 의무라는 사실을 알고 있는 신자는 그것을 하나님의 자녀로서 누려야 할 특권으로 받아들여 그 즐거움을 만끽해야 한다. 왓슨은 "묵상은 하나님의 선하심을 맛보게 하는 영혼의 미각이다. 그것은 포도주 창고와 연회장과 각종 향초가 가득한 동산으로 인도하는 열쇠, 곧 사랑하는 주님께로 우리를 인도하는 열쇠다."라고 말했다.[17] 하나님이 자기 백성에게 허락하신 가장 큰 선물도 포장을 풀어 즐기지 않으면 아무 유익이 없다. 리처드 백스터는 "세상에서 가장 위대한 일도 그것을 생각하지 않는 사람에게는 별다른 영향을 미치지 못한다."라고 말했다.[18] 래뉴는 하나님을 으뜸으로 생각하지 않는 사람들이 겪게 될 불행을 이렇게 설명했다. "묵상을 적게 하면 생명도 적고, 힘도 적고, 성장도 미미하고, 다른 사람들에게 별로 유익하지 않은 빈약한 그리스도인이 될 수밖에 없다."[19] 기독교의 묵상을 다룬 이 책을 끝마치면서 마지막으로 해주고 싶은 말은 "하나님의 말씀을 통해 그리스도의 임재를 느끼며 살아가는 데서 가장 큰 기쁨을 얻으려고 노력하라."는 것이다.

---

16. Burroughs, *Earthly-Mindedness*, 139.

17. Watson, *Christian on the Mount*, xi.

18. Baxter, *Directions to a Sound Conversion*, 542.

19. Ranew, *Solitude Improved*, 157.

뉴잉글랜드 청교도 코튼 매더의 조언을 항상 기억하라. 그는 "하루도 거르지 말고, 매일 성경을 조금이라도 읽고 묵상하며 기도하라." 라고 말했다.[20]

---

20. Quoted in Ryken, *Worldly Saints*, 139.

참고문헌

1차 청교도 자료

a Brakel, Wilhelmus. *The Christian's Reasonable Service*. Edited by Joel R.
Beeke. Translated by Bartel Elshout. 4 vols. Grand Rapids: Reformation
Heritage Books, 1995.

Ambrose, Isaac. *Media; The Middle Things Or, The Means, Duties,
Ordinances, Both Secret, Private, and Publick*. Glasgow: Printed for
Archibald Ingram, 1737.

Bates, William. *The Whole Works of the Rev. William Bates*. Edited by W.
Farmer. 1815. Reprint, Harrisonburg, Va.: Sprinkle Publications, 1990.

Baxter, Richard. *The Practical Works of Richard Baxter: Selected Treatises*.
Peabody, Mass.: Hendrickson, 2010.

――――. *The Saints' Everlasting Rest*. Reprint, Ross-shire, U.K.: Christian
Focus, 1998.

Ball, John. *A Treatise of Divine Meditation*. London: Printed at St. Paul's
ChurchYard, 1660.

Bayly, Lewis. *The Practice of Piety: Directing a Christian How to Walk
That He May Please God*. London, 1648.

Bolton, Robert. *General Directions for a Comfortable Walking with God*.
1626. Reprint, Ligonier, Pa.: Soli Deo Gloria, 1991.

Boston, Thomas. *The Complete Works of Thomas Boston*. Edited by Samuel M'Millan. 12 vols. 1853. Reprint, Stoke-on-Trent, U.K.: Tentmaker Publications, 2005.

Bridge, William. *The Works of Rev. William Bridge*. 5 vols. 1845. Reprint, Beaver Falls, Pa.: Soli Deo Gloria, 1989.

Brooks, Thomas. *The Works of Thomas Brooks*. Edited by Alexander B. Grosart. 6 vols. 1861-1867. Reprint, Edinburgh: Banner of Truth Trust, 1980.

Bunyan, John. *The Works of John Bunyan*. Edited by George Offor. 3 vols. 1854. Reprint, Edinburgh: Banner of Truth Trust, 1991.

Burroughs, Jeremiah. *Moses' Self-Denial*. Edited by Don Kistler. 1641. Reprint, Grand Rapids: Soli Deo Gloria, 2010.

———. *A Treatise of Earthly-Mindedness*. Edited by Don Kistler. 1649. Reprint, Ligonier, Pa.: Soli Deo Gloria, 1991.

Calamy, Edmund. *The Art of Divine Meditation*. London: Printed for Thomas Parkhurst, 1680.

Case, Thomas. *The Select Works of Thomas Case*. Ligonier, Pa.: Soli Deo Gloria, 1993.

Charnock, Stephen. *The Complete Works of Stephen Charnock*. 5 vols. 1866. Reprint, Edinburgh: Banner of Truth Trust, 1997.

Doddridge, Philip. *The Rise and Progress of Religion in the Soul*. Reprint, Salem, Ohio: The Allegheny Wesleyan Methodist Connection, 1975.

Durham, James. *The Blessed Death of Those Who Die in the Lord*. Edited by Don Kistler. Morgan, Pa.: Soli Deo Gloria, 2003.

Edwards, Jonathan. *Charity and Its Fruits*. Edinburgh: Banner of Truth Trust, 1969. 조나단 에드워즈, 《사랑》(청교도신앙사 역간).

———. *A Treatise Concerning Religious Affections*. New York: Cosimo Classics, 2007. 《신앙과 정서》(지평서원 역간).

———. The Works of Jonathan Edwards. 2 vols. 1834. Reprint, Edinburgh:

Banner of Truth Trust, 1995.

Fenner, William. *The Use and Benefit of Divine Meditation*. London: Printed by E. T. for John Stafford, 1657.

Flavel, John. *The Works of John Flavel*. 6 vols. 1820. Reprint, Edinburgh: Banner of Truth Trust, 1968.

Goodwin, Thomas. *The Works of Thomas Goodwin*. 12 vols. Edinburgh: James Nichol, 1862.

Gouge, Thomas. "Christian Directions: Shewing How to Walk With God All Day Long." In *The Works of Mr. Thomas Gouge, in Six Parts*. Albany: George Lindsay, 1815.

Greenham, Richard. *The Works of Richard Greenham*. 1599. Reprint, Amsterdam: Theatrum Orbis Terrarum, 1973.

Gurnall, William. *The Christian in Complete Armour: A Treatise of the Saints' War against the Devil*. Edinburgh: Banner of Truth Trust, 1995. 윌리엄 거널, 《그리스도인의 전신갑주》(크리스챤다이제스트 역간).

Hall, Joseph. *The Art of Meditation*. Jenkintown, Pa.: Sovereign Grace Publications, 1990.

———. *Bishop Hall's Contemplations on the Historical Passages of the Old and New Testaments*. 3 vols. 1833. Reprint, Morgan, Pa.: Soli Deo Gloria, 1995.

Henry, Matthew. *Matthew Henry's Commentary on the Whole Bible*. 6 vols. New York: Fleming H. Revell, n.d.

Heywood, Oliver. *The Whole Works of the Rev. Oliver Heywood, B.A.* 5 vols. London: Printed at St. Paul's Church Yard, 1825.

Hooker, Thomas. *The Application of Redemption, Books 9–10*. Ames, Iowa: International Outreach, 2008.

Manton, Thomas. *The Complete Works of Thomas Manton*. 22 vols. Worthington, Pa.: Maranatha Publications, 1979.

Owen, John. *The Works of John Owen*. Edited by William H. Goold. 23

vols. 1850 – 1853. Reprint, Edinburgh: Banner of Truth Trust, 1998.

Poole, Matthew. *Annotations upon the Holy Bible*. 3 vols. London: Samuel Holdsworth, 1840.

Ranew, Nathanael. *Solitude Improved by Divine Meditation*. 1839. Reprint, Morgan, Pa.: Soli Deo Gloria, 1995.

Scougal, Henry. *The Works of the Rev. Henry Scougal*. Edited by Don Kistler. Reprint, Morgan, Pa.: Soli Deo Gloria, 2002.

Scudder, Henry. *The Christian's Daily Walk in Holy Security and Peace*. Reprint, Harrisonburg, Va.: Sprinkle Publications, 1984.

Sibbes, Richard. *The Works of Richard Sibbes*. Edited by Alexander Grosart. 7 vols. 1862 – 1864. Reprint, Edinburgh: Banner of Truth Trust, 2001.

Spurstowe, William. *The Spiritual Chemist or Six Decades of Divine Meditations*. London: Printed for Philip Chetwind, 1666.

Steele, Richard. *A Remedy for Wandering Thoughts in the Worship of God*. Harrisonburg, Va.: Sprinkle Publications, 1988.

Swinnock, George. *The Works of George Swinnock*. 5 vols. 1868. Reprint, Edinburgh: Banner of Truth Trust, 1992.

Ussher, James. *A Body of Divinity*. Edited by Michael Nevarr. Birmingham, Ala.: Solid Ground Christian Books, 2007.

———. *A Method for Meditation*. London: Printed at Paul's Church Yard, 1656. Ward, Samuel. *Sermons and Treatises by Samuel Ward*. 1862. Reprint, Edinburgh: Banner of Truth Trust, 1996.

Watson, Thomas. *The Christian on the Mount: A Treatise on Meditation*. Edited by Don Kistler. 1657. Reprint, Orlando, Fla.: Northampton Press, 2009.

———. *The Doctrine of Repentance*. Edinburgh: Banner of Truth Trust, 2002. 토머스 왓슨, 《회개》(복있는사람 역간).

———. *Gleanings from Thomas Watson*. Edited by Hamilton Smith. 1915.

Reprint, Morgan, Pa.: Soli Deo Gloria, 1995.

———. *Heaven Taken by Storm*. Edited by Joel Beeke. 1810. Reprint, Morgan, Pa.: Soli Deo Gloria, 1992.

———. *The Puritan Pulpit: The English Puritans*. Edited by Don Kistler. Morgan, Pa.: Soli Deo Gloria, 2004.

———. *The Sermons of Thomas Watson*. 1829. Reprint, Ligonier, Pa.: Soli Deo Gloria, 1990.

White, Thomas. *A Method and Instruction for the Art of Divine Meditation*. London: Printed for Thomas Parkhurst, 1672.

2차 자료

Archer Jr., Gleason, R. L. Harris, and B. K. Waltke, eds. *Theological Wordbook of the Old Testament*. Chicago: Moody Press, 1999. Logos e-book.

Arndt, W., W. Bauer, and F. W. Danker. *A Greek-English Lexicon of the New Testament and Other Early Christian Literature*. 3rd ed. Chicago: University of Chicago Press, 2000. Logos e-book.

Beeke, Joel R. *Puritan Reformed Spirituality: A Practical Study from Our Reformed and Puritan Heritage*. Webster, N.Y.: Evangelical Press, 2006. 조엘 비키, 《개혁주의 청교도 영성》(부흥과개혁사 역간).

———. *The Quest for Full Assurance: The Legacy of Calvin and His Successors*. Edinburgh: Banner of Truth Trust, 1999.

Beeke, Joel R. and Randall J. Peterson. *Meet the Puritans: With a Guide to Modern Reprints*. Grand Rapids: Reformation Heritage Books, 2006.

Booty, John. "Joseph Hall, the Arte of Divine Meditation, and Anglican Spirituality." In *The Roots of the Modern Christian Tradition*. Edited by E. Rozanne Elder. Kalamazoo, Mich.: Cistercian Publications, 1984.

Bridges, Jerry. *The Practice of Godliness*. Colorado Springs: NavPress, 1983. 제리 브릿지즈, 《경건에 이르는 연습》(네비게이토출판사 역간).

Brissett, Wilson. "Edward Taylor's Public Devotions." *Early American Literature* 44, no. 3 (2009): 457 –87.

Bromiley, G. W., G. Friederich, and G. Kittel, eds. *Theological Dictionary of the New Testament*. Grand Rapids: Eerdmans, 1964. Logos e-book.

Brumm, Ursula. "The Art of Puritan Meditation in New England." *Studies in New England Puritanism* 9 (1983): 139 –67.

———. "The 'Tree of Life' in Edward Taylor's Meditations." *Early American Literature* 3, no. 2 (Fall 1968): 72 –82.

———. "'Tuning' the Song of Praise: Observations on the Use of Numbers in Edward Taylor's Preparatory Meditations." *Early American Literature* 17, no. 2 (Fall 1982): 103 –18.

Cardwell, Allen. *Puritan Christianity in America: Religion and Life in Seventeenth-Century Massachusetts*. *Grand* Rapids: Baker, 1990.

Chan, Simon K. H. "The Puritan Meditative Tradition, 1599 –691: A Study of Ascetical Pietism." PhD diss., Madeline College, Cambridge, 1986.

Clowney, Edmund P. *Christian Meditation*. Nutley, N.J.: Craig Press, 1979.

Damico, Anthony. "The Conceit of Dyeing in Edward Taylor's *Preparatory Meditations*, Second Series, Number One." *Early American Literature* 17, no. 3 (Winter 1982): 227 –38.

Daniel, Greg K. "The Puritan Ladder of Meditation: An Explication of Puritan Meditation and Its Compatibility with Catholic Meditation." MA thesis, Trinity Evangelical Divinity School, 1993.

Davis, Thomas M. "Edward Taylor's Occasional Meditations." *Early American Literature* 3, no. 3 (Winter 1971): 17 –29.

Davison, James. "What We Can Learn from the Puritan Emphasis on Meditation." *Gospel Magazine* (January 2012): 19 –29.

Gant, Amy. "'Beating a Path to Heaven': Nathanael Ranew and the Puritan Art of Divine Meditation in the Seventeenth Century." MA thesis, University of Nebraska, 2007.

Hall, David D. ed. *Puritans in the New World: A Critical Anthology*. Princeton: Princeton University Press, 2004.

Hinson, E. Glenn. "Ignatian and Puritan Prayers: Surprising Similarities: A Comparison of Ignatius Loyola and Richard Baxter on Meditation." *Merton Annual*, no. 20 (Nov. 2007): 79 –92.

Hitchcock, Nathan. "Saving Edward Taylor's Purse: Masculine Devotion in the Preparatory Meditations." *Literature and Theology*, no. 22 (September 2008): 339 –53.

Holifield, E. Brooks. *The Covenant Sealed: The Development of Puritan Sacramental Theology in Old and New England*, 1570 –1720. New Haven: Yale University Press, 1974.

Hughes, R. Kent. *Disciplines of a Godly Man*. Wheaton, Ill.: Crossway, 1991. 켄트 휴즈, 《남성의 경건 훈련》(생명의말씀사 역간).

Hunston, George Williams. *The Radical Reformation*. Philadelphia: Westminster Press, 1962.

Huntley, Frank L. *Bishop Joseph Hall and Protestant Meditation in Seventeenth-Century England*. Binghamton, N.Y.: Center for Medieval and Early Renaissance Studies, 1981.

Jordan, Richard D. "Thomas Traherne and the Art of Meditation." *Journal of the History of Ideas* 46, no. 3 (July 1985): 381 –403.

Kaufman, U. Milo. *The Pilgrim's Progress and Traditions in Puritan Meditation*. New Haven: Yale University Press, 1966.

Lewis, Peter. *The Genius of Puritanism*. Morgan, Pa.: Soli Deo Gloria, 1977.

Louw, J. P., and E. A. Nida. *Greek-English Lexicon of the New Testament: Based on Semantic Domains*. 2nd ed. New York: United Bible Societies, 1996. Logos e-book.

Martin, Robert P. *A Guide to the Puritans*. Edinburgh: Banner of Truth Trust, 1997.

McCabe, Richard A. *Joseph Hall: A Study in Satire and Meditation*. Oxford: Clarendon Press, 1982.

Mergal, Angel M. and George H. Williams, eds. *Spiritual and Anabaptist Writers: Documents Illustrative of the Radical Reformation*. Philadelphia: Westminster Press, 1957.

Miller, Perry, and Thomas H. Johnson, eds. *The Puritans: A Sourcebook of Their Writings*. Mineola, N.Y.: Dover Publications, 2001.

Neimeyer, Jennifer C. "Thomas Watson: The Necessity of Meditation." *Puritan Reformed Journal* 2, no. 1 (January 2010): 166–81.

O'Brien, Peter T. *The Epistle to the Philippians: A Commentary on the Greek Text*. Grand Rapids: Eerdmans, 1991. Logos e-book.

Packer, J. I. *A Quest for Godliness: The Puritan Vision of the Christian Life*. Wheaton, Ill.: Crossway, 1990.

Reiter, Robert E. "Edward Taylor's Preparatory Meditations, Second Series, Numbers 1–30." *Early American Literature* 5, no. 1 (Spring 1970): 111–23.

Rowe, Karen E. "Sacred or Profane? Edward Taylor's Meditation on Canticles." *Modern Philology* 72, no. 2 (November 1972): 123–38.

Ryken, Leland. *Worldly Saints: The Puritans as They Really Were*. Grand Rapids: Zondervan, 1986. 릴런드 라이켄, 《청교도-이 세상의 성자들》(생명의말씀사 역간).

Schaff, Philip and David S. Schaff, eds. *The Creeds of Christendom with a History and Critical Notes*. 3 vols. 1931. Reprint, Grand Rapids: Baker, 2007.

Scheick, William J. "'The Captive Exile Hasteth': Increase Mather, Meditation and Authority." *Early American Literature* 36, no. 2 (Spring 2001): 183–200.

———. "Unfolding the Serpent in Taylor's Meditation." *Studies in Puritan American Spirituality* 1, no. 19 (December 1990): 34–64.

Smith, Edmond. *A Tree by a Stream: Unlock the Secrets of Active Meditation*. Rossshire, U.K.: Christian Focus, 1995.

Spurgeon, Charles. *Quoting Spurgeon*. Edited by Anthony J. Ruspantini. Grand Rapids: Baker, 1994.

Toon, Peter. *From Mind to Heart: Christian Meditation Today*. Grand Rapids: Baker, 1987.

——. *Meditating as a Christian: Waiting upon God*. London: HarperCollins, 1991.

Williams, George Hunston. *The Radical Reformation*. Philadelphia: Westminster Press, 1962.

Whitney, Donald S. *Simplify Your Spiritual Life: Spiritual Disciplines for the Overwhelmed*. Colorado Springs: NavPress, 2003.

——. *Spiritual Disciplines for the Christian Life*. Colorado Springs: NavPress, 1991.

Yuille, James Stephen. *Puritan Spirituality: The Fear of God in the Spirituality of George Swinnock*. Eugene, Ore.: Wipf and Stock, 2007.

개혁된 실천 시리즈 ─────────

1. 조엘 비키의 교회에서의 가정
설교 듣기와 기도 모임의 개혁된 실천
조엘 비키 지음 | 유정희 옮김

이 책은 가정생활의 두 가지 중요한 영역에 대한 실제적 지침을 포함하고 있다. 첫째, 공예배를 위해 가족들을 어떻게 준비시켜야 하는지, 설교 말씀을 어떻게 받아야 하는지, 그 말씀을 어떻게 실천해야 하는지 설명한다. 둘째, 기도 모임이 교회의 부흥과 얼마나 관련이 깊은지 역사적으로 고찰하면서, 기도 모임의 성경적 근거를 제시하고, 그 목적을 설명하며, 나아가 바람직한 실행 방법을 설명한다.

2. 존 오웬의 그리스도인의 교제 의무
그리스도인의 교제의 개혁된 실천
존 오웬 지음 | 김태곤 옮김

이 책은 그리스도인 상호 간의 교제에 대해 청교도 신학자이자 목회자였던 존 오웬이 저술한 매우 실천적인 책으로서, 이 책에서 우리는 청교도들이 그리스도인의 교제를 얼마나 중시했는지 엿볼 수 있다. 이 책은 그리스도인의 교제에 대한 핵심 원칙들을 담고 있다. 교회 안의 그룹 성경공부에 적합하도록 각 장 뒤에는 토의할 문제들이 부가되어 있다.

3. 개혁교회의 가정 심방
가정 심방의 개혁된 실천
피터 데 용 지음 | 조계광 옮김

목양은 각 멤버의 영적 상태를 개별적으로 확인하고 권면하고 돌보는 일을 포함한다. 이를 위해 교회는 역사적으로 가정 심방을 실시하였다. 이 책은 외국 개혁교회에서 꽃피웠던 가정 심방의 실제 모습을 보여주며, 한국 교회 안에서 행해지는 가정 심방의 개선점을 시사

해준다.

4. 네덜란드 개혁교회의 자녀양육
자녀양육의 개혁된 실천
야코부스 꿀만 지음 | 유정희 옮김

이 책에서 우리는 17세기 네덜란드 개혁교회 배경에서 나온 자녀양육법을 살펴볼 수 있다. 경건한 17세기 목사인 야코부스 꿀만은 자녀양육과 관련된 당시의 지혜를 한데 모아서 구체적인 282개 지침으로 꾸며 놓았다. 부모들이 이 지침들을 읽고 실천하면 큰 도움을 받을 수 있게 하였다. 의도는 선하더라도 방법을 모르면 결과를 낼 수 없다. 우리 그리스도인 부모들은 구체적인 자녀양육 방법을 배우고 실천해야 한다.

5. 신규 목회자 핸드북
제이슨 헬로포울로스 지음 | 리곤 던컨 서문 | 김태곤 옮김

이 책은 새로 목회자가 된 사람을 향한 주옥같은 48가지 조언을 담고 있다. 리곤 던컨, 케빈 드영, 앨버트 몰러, 알리스테어 베그, 팀 챌리스 등이 이 책에 대해 극찬하였다. 이 책은 읽기 쉽고 매우 실천적이며 유익하다.

6. 신약 시대 신자가 왜 금식을 해야 하는가
금식의 개혁된 실천
대니얼 R. 하이드 지음 | 김태곤 옮김

금식은 과거 구약 시대에 국한된, 우리와 상관없는 실천사항인가? 신약 시대 신자가 정기적인 금식을 의무적으로 행해야 하는가? 자유롭게 금식할 수 있는가? 금식의 목적은 무엇인가? 이 책은 이런 여러 질문에 답하면서, 이 복된 실천사항을 성경대로 회복할 것을 촉구한다.

7. 개혁교회 공예배
공예배의 개혁된 실천
대니얼 R. 하이드 지음 | 이선숙 옮김

많은 신자들이 평생 수백 번, 수천 번의 공예배를 드리지만 정작 예배에 대해서 제대로 이해하지 못하는 경우가 많다. 당신은 예배가 왜 지금과 같은 구조와 순서로 되어 있는지 이해하고 예배하는가? 신앙고백은 왜 하는지, 목회자가 왜 대표로 기도하는지, 말씀은 왜 읽는지, 축도는 왜 하는지 이해하고 참여하는가? 이 책은 분량은 많지 않지만 공예배의 핵심 사항들에 대하여 알기 쉽게 알려준다.

8. 아이들이 공예배에 참석해야 하는가
아이들의 예배 참석의 개혁된 실천
대니얼 R. 하이드 지음 | 유정희 옮김

아이들만의 예배가 성경적인가? 아니면 아이들도 어른들의 공예배에 참석해야 하는가? 성경은 이에 대해 무엇을 말하는가? 아이들의 공예배 참석은 어떤 유익이 있으며 실천적인 면에서 주의할 점은 무엇인가? 이 책은 아이들의 공예배 참석 문제에 대해 성경을 토대로 돌아보게 한다.

9. 마음을 위한 하나님의 전투 계획
청교도가 실천한 성경적 묵상
데이비드 색스톤 지음 | 조엘 비키 서문 | 조계광 옮김

묵상하지 않으면 경건한 삶을 살 수 없다. 우리 시대에 일어나고 있는 일이 바로 이것이다. 오늘날은 명상에 대한 반감으로 묵상조차 거부한다. 그러면 무엇이 잘못된 명상이고 무엇이 성경적 묵상인가? 저자는 방대한 청교도 문헌을 조사하여 청교도들이 실천한 묵상을 정리하여 제시하면서, 성경적 묵상이란 무엇이고, 왜 묵상을 해야 하며, 어떻게 구체적으로 묵상을 실천하는지 알려준다. 우리는 다시금 이 필수적인 실천사항으로 돌아가야 한다.

10. 장로와 그의 사역
장로 직분의 개혁된 실천
데이비드 딕슨 지음 | 김태곤 옮김

장로는 무슨 일을 하는 사람인가? 스코틀랜드 개혁교회 장로에게서 장로의 일에 대한 조언을 듣자. 이 책은 장로의 사역에 대한 지침서인 동시에 남을 섬기는 삶의 모델을 보여주는 책이다. 이 책 안에는 비단 장로뿐만 아니라 모든 그리스도인이 본받아야 할, 섬기는 삶의 아름다운 모델이 담겨 있다. 이 책은 따뜻하고 영감을 주는 책이다.

11. 북미 개혁교단의 교회개척 매뉴얼
URCNA 교단의 공식 문서를 통해 배우는 교회개척 원리와 실천

이 책은 북미연합개혁교회(URCNA)라는 개혁교단의 교회개척 매뉴얼로서, 교회개척의 첫 걸음부터 그 마지막 단계까지 성경의 원리에 입각한 교회개척 방법을 가르쳐준다. 모든 신자는 함께 교회를 개척하여 그리스도의 나라를 확장해야 한다.

12. 예배의 날
제4계명의 개혁된 실천
라이언 맥그로우 지음 | 조계광 옮김

제4계명은 십계명 중 하나로서 삶의 골간을 이루는 중요한 계명이다. 하나님의 뜻을 따르는 우리는 이를 모호하게 이해하고, 모호하게 실천하면 안 되며, 제대로 이해하고, 제대로 실천해야 한다. 이를 위해 우리는 이 계명의 참뜻을 신중하게 연구해야 한다. 이 책은 가장 분명한 논증을 통해 제4계명의 의미를 해석하고 밝혀준다. 하나님은 그날을 왜 제정하셨나? 그날은 얼마나 복된 날이며 무엇을 하면서 하나님의 복을 받는 날인가? 교회사에서 이 계명은 어떻게 이해되었고 어떤 학설이 있고 어느 관점이 성경적인가? 오늘날 우리는 이 계명을 어떻게 지킬 것인가?

13. 질서가 잘 잡힌 교회(근간)

교회 생활의 개혁된 실천

윌리엄 뵈케슈타인, 대니얼 하이드 공저

이 책은 두 명의 개혁과 목사가 교회에 대해 저술한 책이다. 이 책은 기존의 교회성장에 관한 책들과는 궤를 달리하며, 교회의 정체성, 교회 안의 다스리는 권위 체계, 교회와 교회 간의 상호 관계, 교회의 사명 등 네 가지 영역에서 성경적 원칙이 확립되고 '질서가 잘 잡힌 교회'가 될 것을 촉구한다. 이 네 영역 중 하나라도 잘못되고 무질서하면 그만큼 교회의 삶은 혼탁해지며 교회는 약해지게 된다. 어떤 기관이든 질서가 잘 잡혀야 번성하며, 교회도 예외가 아니다.

14. 장로 직분 이해하기(근간)

모든 성도가 알아야 할 장로 직분

제랄드 벌고프, 레스터 데 코스터 공저

하나님은 복수의 장로를 통해 교회를 다스리신다. 복수의 장로가 자신의 역할을 잘 감당해야 교회 안에 하나님의 통치가 제대로 편만하게 미친다. 이 책은 그토록 중요한 장로 직분에 대한 성경의 가르침을 정리하여 제공한다. 이 책의 원칙에 의거하여 오늘날 교회 안에서 장로 후보들이 잘 양육되고 있고, 성경이 말하는 자격요건을 구비한 장로들이 성경적 원칙에 의거하여 선출되고, 장로들이 자신의 감독과 목양 책임을 잘 수행하고 있는가? 우리는 장로 직분을 바로 이해하고 새롭게 실천하여야 할 것이다. 이 책은 비단 장로만을 위한 책이 아니라 모든 성도를 위한 책이다. 성도는 장로를 선출하고 장로의 다스림에 복종하고 장로의 감독을 받고 장로를 위해 기도하고 장로의 직분 수행을 돕고 심지어 장로 직분을 사모해야 하기 때문에 장로 직분에 대한 깊은 이해가 필수적이다.

15. 집사 직분 이해하기(근간)

모든 성도가 알아야 할 집사 직분

제랄드 벌고프, 레스터 데 코스터 공저

하나님의 율법은 교회 안에서 곤핍한 자들, 외로운 자들, 정서적 필요를 가진 자들을 따뜻하고 자애롭게 돌볼 것을 명한다. 거룩한 공동체 안에 한 명도 소외된 자가 없도록 이러한 돌봄이 잘 이루어져야 한다. 이 일은 기본적으로 모든 성도가 힘써야 할 책무이지만 교회는 특별히 이 일에 책임을 지고 감당하도록 집사 직분을 세운다. 오늘날 율법의 명령이 잘 실천되어 교회 안에 사랑과 섬김의 손길이 구석구석 미치고 있는가? 우리는 집사 직분을 바로 이해하고 새롭게 실천하여야 할 것이다. 그것은 교회 공동체를 향한 하나님의 거룩한 뜻이다.

16. 건강한 교회 만들기(근간)

생기 넘치는 교회 생활과 사역을 위한 성경적 전략

도날드 맥네어, 에스더 미크 공저, 브라이언 채플 서문

이 책은 미국 P&R 출판사에서 출간된 책으로서, 교회라는 주제를 다룬다. 저자는 교회를 재활성화시키는 것을 돕는 컨설팅 분야에서 일하면서, 많은 교회의 문제점을 진단하고 개선을 유도하면서 교회들을 섬겼다. 교회 생활과 사역은 침체되어 있으면 안 되며 생기가 넘쳐야 한다. 저자는 탁상공론을 하지 않는다. 이 책에서 그는 교회의 관행과 관련된 여러 가지 실제적 문제점을 진단하고, 그 개선책을 제시하면서, 생기 넘치는 교회 생활과 사역을 위한 실천적 방법을 명쾌하게 예시한다. 그 방법은 인위적이지 않으며 성경에 근거한 지혜를 담고 있다.